Armin König

Demographie kompakt – Erfahrungen eines Praktikers

2. erweiterte und bearbeitete Auflage 2014

Edition Kerpen
ISBN 978-3-928817-38-7
Herstellung BOD Norderstedt

Armin König

Demographie kompakt – Erfahrungen eines Praktikers

Edition Kerpen

Unseren Akteuren in den Creative Villages in Europe

„Die Wahrheit ist dem Menschen zumutbar." (Ingeborg Bachmann 1959; Rede anlässlich des Hörspielpreises der Kriegsblinden)

„Was alle angeht, können nur alle lösen." (Friedrich Dürrenmatt 1966; 21 Punkte zu den Physikern; in: Theater-Schriften und Reden, Arche Verlag Zürich, S. 194)

Schrumpfen und verkalken?

Eine Einführung

Demographie ist nicht sexy. Schrumpfen, Altern, Rückbauen und Abreißen sind keine Themen, die erfolgsorientierte Politikerinnen und Politiker zu großen Taten animieren. Ich war zunächst auch nicht begeistert davon. Heute bin ich Demographie-Freak.

Denn der demographische Wandel ist ein Megathema, das viele Politikbereiche berührt. Nach jetziger Prognose müssen wir damit rechnen, dass der demographische Wandel Deutschland und seine Regionen erheblich verändert, mehr als Politik derzeit zugeben wollen. Schon jetzt sind

Verschiebungen bemerkbar. Diese Entwicklung wird sich verstärken.

Im Kern geht es um die Frage, wie wir morgen leben wollen, wenn eine Gesellschaft schrumpft und altert. Das schlägt sich seit einiger Zeit in Buchtiteln und Schlagzeilen nieder.

Provoziert der demographische Wandel eine Epochenwende in Deutschland und Europa? Steht die Mobilmachung für den „Krieg der Generationen“ bevor, den Schirrmacher in seinem Bestseller „Das Methusalem-Komplott“ beschwört? Wird die Bevölkerungsmehrheit der Alten künftig ihre Interessen kämpferisch zu Lasten der jungen Generation durchsetzen? Wie verkalkt wird ein alterndes Deutschland sein, dem die Jugend und die Frische fehlt? Rauben wir unseren Kindern und Enkeln – wenn wir sie denn haben – Lebens- und Entwicklungsperspektiven? Sind wir dann „Zukunftsdiebe“, um einen Begriff von Heidi Schüller aufzugreifen?

Oder müssen wir keine Angst haben in einem allmählich vergreisenden Land, weil *wir* ewig jung bleiben und nur *die Anderen* altern, wie Elisabeth Niejahr ironisch bemerkt?

Dürfen wir vielleicht sogar rufen: „Toll, endlich Platz“ (Straubhaar 2005), weil wir weniger lästige Nachbarn in unserem persönlichen Schrebergarten-Umfeld ertragen müssen? Freuen wir uns über mehr Dorf für weniger Menschen?

Überhaupt ist zu fragen, ob das Lamento der Demographen nur ein anschwellender Bocksgesang von Alarmisten ist, die mit Reformlügen, Denkfehlern, Mythen und Legenden die Grundlagen dafür legen, bewährte soziale Strukturen unseres Gemeinwesens zu opfern, um dem Kapitalismus zum endgültigen Sieg zu verhelfen. Es gibt ein kleine Gruppe von Publizisten und Soziologen, die dies (wider besseres Wissen) behauptet.

Oder geben kritische Studien von Demographen, Wirtschaftswissenschaftlern, Rentenexperten, Zukunftsforschern und Stadtplanern tatsächlich Anlass zur Sorge? Und wenn ja: Wie sollen Bürgerinnen und Bürger, Politik, Wirtschaft und Gesellschaft darauf reagieren? Sollen sie sich dem Trend entgegenstemmen? Sollen sie unvermeidliche Transformationsprozesse mitgestalten oder gleich Abschied vom Wachstumskurs nehmen? Sollen sie fatalistisch zuschauen, wenn wir altern und schrumpfen? Sollen sie sich dem Trend entgegenstemmen? Oder einfach nach dem Rückzug aus der Welt des Wachstums den „Luxus der Leere" genießen, wie es der Architekt Wolfgang Kil empfohlen hat?

Es sind nicht die einzigen provozierenden Fragen, die in jüngster Zeit immer häufiger gestellt werden. Bricht der Pflegenotstand aus, weil wir zu wenig Fachpersonal und immer mehr demenzkranke Menschen haben? Oder schieben Angehörige ihre Alten in Billigländer mit Billigpflege ab – wie bereits geschehen? Drohen neue Schulschließungswellen, wie wir sie in Ostdeutschland und im Saarland erlebt haben? Macht im ländlichen Raum 2035 der Letzte die Tür im Dorf zu? Werden dann wieder Wölfe auf dem Land heimisch? Kommt nach dem Umbau Ost der Abriss West?

All diese kritischen Fragen sind verständlich, werden aber von einer Minderheit von Soziologen als apokalyptischer Bevölkerungsdiskurs kritisiert. In seinem letzten Buch hat der verstorbene Soziologe Karl-Otto Hondrich die provozierende Frage gestellt, ob nicht weniger am Ende mehr sind. Die Frage ist leider falsch gestellt, weil all unsere Infrastruktur- und Versorgungssysteme auf Wachstum, eine bestimmte Zahl von Menschen und immer höheren Verbrauch eingestellt sind. Doch wozu immer mehr verbrauchen, wenn die Zahl der Bürgerinnen und Bürger drastisch sinkt? Das wäre unverantwortlich gegenüber kommenden Generationen. So bleibt Hondrichs Aussage eine skurrile Sondermeinung.

Die Realität sieht anders, kritischer, teilweise auch dramatischer aus als die Wunschwirklichkeit linker Soziologen. Nichts bleibt, wie es ist, wir erleben das „Ende der Welt, wie wir sie kannten“ (Leggewie/Welzer) und müssen nun Transformationsprozesse gestalten, die von der lokalen bis zur europäischen Ebene reichen. Wer nicht mit der Zeit geht, geht mit der Zeit. Deshalb führt an fundamentalen Veränderungen kein Weg vorbei. Menschen hassen solche Umbrüche. Sie wollen Sicherheit. Umso wichtiger ist es, die zu erwartenden Veränderungen gut zu managen. Man muss nicht fatalistisch zuschauen, sondern kann zumindest in Teilbereichen vernünftig steuern. Einfach wird dies allerdings nicht.

Patentrezepte gibt es nicht. Wir sind mitten in einem dynamischen Prozess, der in unterschiedlichen Regionen auch sehr unterschiedlich verläuft. Die Wissenschaft hat mehr als 15 verschiedene Entwicklungsmuster im demographischen Wandel diagnostiziert.

Aber der demographische Wandel ist nicht nur ein Problem. Er bietet Chancen, und er eröffnet neue Perspektiven in diversen wichtigen Bereichen, etwa in der Gesundheitswirtschaft oder bei der Gestaltung der betrieblichen Praxis in Unternehmen. Demographischer Wandel animiert (oder zwingt) zu interkommunaler Zusammenarbeit, zu Kooperationen zwischen Unternehmen, öffentlicher Hand und Institutionen, zu Innovationen im Wissensmanagement und in der Bildung.

Vielleicht trägt er sogar zur Entschleunigung und zu einem angenehmeren Lebensumfeld bei, das angesichts der Herausforderungen des Klimawandels nicht mehr primär unter dem Vorzeichen autogerechter, sondern menschengerechter Stadtgestaltung zu sehen ist. Allerdings funktioniert dies nur, wenn Potenziale und Ressourcen im positiven Sinne für neue Wege oder gar einen Neubeginn in wesentlichen Politikbereichen genutzt werden.

Demographischer Wandel soll nicht passiv erlitten, sondern offensiv gestaltet werden. Dass dabei das Thema Nachhaltigkeit eine zunehmend wichtige Rolle spielt, ist positiv zu bewerten.

Die Europäische Union hat seit 2005 sehr differenziert auf Chancen und Risiken des demographischen Wandels informiert. Sie sieht vor allem die Chance für eine neue Solidarität zwischen den Generationen. Die EU-Strategie ist auf praktikable Lösungsmöglichkeiten ausgerichtet. Die Kommission beispielsweise setzt auf eine bessere Vereinbarkeit von Beruf, Privatleben und Familie sowie auf Pilotprojekte, die die Anpassung vorhandener Infrastrukturen und Dienstleistungen an die sich verändernden Bedürfnisse einer schrumpfenden und alternden Bevölkerung in Europa anstreben.

Bei der Bildung soll es in der Fülle der Negativmeldungen die Chance einer Demographierendite zur Finanzierung einer nachhaltig wirksamen Bildungsreform geben: „Mit gegebenen Mitteln kann bei einer sinkenden Schülerzahl eine bessere Infrastruktur pro Schüler finanziert werden." (Plünnecke 2006, 274). Voraussetzung ist aber, dass die öffentliche Hand sich nicht in gleichem Maße weiter zurückzieht wie die Schülerzahlen sinken.

Stadtentwicklung, Governance, Sozial- und Familienpolitik, Regionalpolitik, Raumgestaltung und „Leitbilder für den Umgang mit zunehmender Leere" (Kil 2004) haben stets auch eine demographische Komponente.

Die Relevanz des demographischen Wandels wird von den Kommunen erkannt. Aber von der Erkenntnis bis zur Tat ist es noch weit. Kleinere Kommunen haben nicht die Planungsressourcen und Kapazitäten größerer Städte. Sie erleben das Dilemma, dass sie nur unter Schwierigkeiten langfristig wirksame Anpassungsstrategien entwickeln können, da ihnen finanzielle und personelle Ressourcen dafür weitgehend fehlen. Die politische Begleitung und Gestaltung von Schrumpfungsprozessen kostet aber Geld.

Im Westen Deutschlands ist das Saarland stark betroffen. Dort können angesichts des bereits fortgeschrittenen demographischen Wandels strukturelle Folgen modellhaft aufgezeigt werden. Das Saarland eignet sich deshalb gut als Anschauungsobjekt.

Schon jetzt verzeichnet dieses kleine Bundesland die mit Abstand niedrigste Geburtenrate aller Bundesländer. Nach der 12. koordinierten Bevölkerungsvorausberechnung wird das Saarland bis 2020 weitere 140.000 Einwohner (und damit fast 14% der Bevölkerung) verlieren – das wäre der größte relative Bevölkerungsverlust aller westdeutschen Bundesländer.

Verschärfend kommt die Haushaltsnotlage des Saarlandes mit einer extremen Verschuldung hinzu, die sich auf die Haushaltssituation der Kommunen im Saarland signifikant auswirkt. Inzwischen sind fast alle saarländischen Kommunen hoch defizitär. Vor allem die Höhe der aufgelaufenen Liquiditätskredite ist als kritisch anzusehen. Damit droht den Kommunen, aber auch dem Land über kurz oder lang Handlungsunfähigkeit.

Während es in der Deutschland mindestens 15 Muster der demographischen Entwicklung gibt, sind es im Saarland nur zwei: Wachstum in der Gemeinde Perl, die unmittelbar an der Grenze zum Großherzogtum Luxemburg liegt, und Schrumpfung in Verbindung mit Stagnation und fehlender Dynamik im Rest des Landes. Es gibt keine Chance, diesen Trend auf absehbare Zeit zu verändern.

An der Notwendigkeit, jetzt aktiv zu werden, besteht deshalb kein Zweifel. Das ist die Wahrheit, und die Wahrheit ist den Bürgern zumutbar, um mit Ingeborg Bachmann zu reden.

Die Handlungsanweisungen lauten:

Problemlösung statt Attentismus oder Fatalismus, strategisches Handeln statt Durchwurstelei, partizipative Planung statt Basta-Entscheidungen von oben, Kooperationen statt interkommunalem Kannibalismus.

Die Zukunft gehört denen, die proaktiv handeln. Die Kommunen haben keine Zeit zu verlieren. Und deshalb sind alle Verantwortlichen aufgerufen, sich dem „Thema demographischer Wandel“ zu stellen und offensiv zu agieren.

Abenteuer Demographie

Der demographische Wandel ist mitten in der Gesellschaft angekommen

Risiko! Die Einwohnerzahlen sinken, die Gesellschaft altert spürbar, die Auslastung der Infrastruktureinrichtungen wird schwächer, in Ostdeutschland werden ganze Stadtquartiere im Rahmen des „Umbaus Ost" abgerissen, in Westdeutschland zählen Industriebrachen, leer stehende Wohnhäuser und Geschäfte immer häufiger zum Alltagsbild und sorgen für Problemdruck in der lokalen Politik. Bürgermeister und Stadträte stehen zunehmend vor Herausforderungen, die sie so nicht kannten. Es hilft nicht, den Kopf in den Sand zu stecken: Die Probleme der Demographie verschwinden dadurch nicht. Sie werden auch nicht vorbeigehen, wenn Kommunen Geburtsprämien zahlen. Das ist lächerliches

Kurieren an Symptomen, hat aber keine nachhaltige Wirkung.

Der demographische Wandel ist mitten in der Gesellschaft angekommen. Betroffen sind längst nicht mehr nur die ostdeutschen Länder. Die Westdeutschen stehen vor einer großen Herausforderung, die vielen Politikern, Unternehmern, Vereinsvorständen, Schulleiterinnen und Schulleitern Bürgerinnen und Bürgern noch nicht bewusst ist.

Schon seit Jahren ist erkennbar, dass die Alterung der Gesellschaft auch die Kommunen der alten Bundesrepublik betrifft. Dabei gewinnt der Begriff „alte Bundesrepublik" eine Bedeutung, die das Problem auf den Punkt bringt: Die alte Bundesrepublik Deutschland – geprägt durch einen beispiellosen wirtschaftlichen Aufstieg, die starke Ökonomisierung des Lebens, die Konsumorientierung und die Folgen der 68er Revolution – war auch eine Gesellschaft, die sich nicht mehr ausreichend verjüngte, weil sie andere Prioritäten setzte. Seit dem Pillenknick und der sexuellen Revolution ist die Ein-Kind-Familie eher die Regel als die Ausnahme, ist der bewusste Verzicht auf Kinder eine viel gerühmte Option für diejenigen, die sich selbst verwirklichen wollen. Das ist legitim und soll an dieser Stelle auch nicht in Frage gestellt werden. Hier soll lediglich beschrieben werden, welche weit reichenden Folgen die in den 1960er Jahren beginnende Total-Ökonomisierung der Gesellschaft mit ihrem kinderfeindlichen Touch hatte und immer noch hat.

Erst waren die Kinder ein Problem, heute sind es die Alten und insbesondere die Demenzkranken. Mit „Bewahranstalten" und „Alten-Asylen" ist es aber nicht getan. Es geht um Solidarität der Generationen, es geht dabei auch um die Bereitschaft der Besitzenden, der Wohlhabenden, zu teilen. Und es ist auch von großer Bedeutung, Verantwortung zu übernehmen und eine Gesellschaft für alle zu bauen. Wir brauchen keinen Krieg der Generationen (Schirrmacher), sondern Dialog und Kooperation. Dabei steht nicht die Frage „Können wir das alles noch bezahlen?“ im Vordergrund, sondern das große Thema „Verantwortung und Dialog der Generationen“. Blaupausen dafür gibt es bisher nicht. Viele Modellprojekte erproben Herangehensweisen an ein schwieriges Thema. Aber die wenigsten Projektergebnisse lassen sich generalisieren. In dieser Trail-and-Error-Phase muss kreativ probiert werden, was geht und was funktioniert. Das erfordert und Mut und Resilienz, wenn Rückschläge hinzunehmen sind. Aber Alternativen dazu gibt es wohl nicht.

Paradigmenwechsel

Der demographische Wandel verändert die deutsche Gesellschaft gravierend, wenn auch in einem schleichenden Prozess (König 2011; Altrock 2008).

Die Folgen des demographischen Wandels rütteln an Grundfesten dessen, was bisher unter erfolgreicher Kommunalpolitik verstanden wurde. Galten Neubaugebiete im Grünen, Neuinvestitionen in soziale und kulturelle Infrastruktur und neue Sportanlagen über Jahre als Erfolgsgaranten erfolgreicher Kommunalpolitik, so müssen sich die Bürger, Politiker und Verwaltungen nun mit Stagnation,

Schrumpfung, der Schließung von Einrichtungen und mit dem Abriss von Gebäuden auseinandersetzen. Für die Politik stellt sich das Problem, ob und wie bei den Wählern Zustimmung für Konsolidierung, Schrumpfung, Rückbau und gezielte Profilierung zu gewinnen ist. Positiv ist allerdings, dass die Forderung nach „Nachhaltigkeit und Tragfähigkeit“ (Lenk 2009, 99) im Trend liegt. Den Verantwortlichen kann nur empfohlen werden, die Symptome des demographischen Wandels offen zu diskutieren und auch Negativ-Varianten in ihre strategischen Überlegungen einzubeziehen.

Die Zeit ewigen Wachstums ist vorbei

Das Wachstumsparadigma einer auf Expansion getrimmten Gesellschaft wird erstmals seit der Club-of-Rome-Studie „Die Grenzen des Wachstums“ 1972 und der Ölkrise ernsthaft infrage gestellt. Irmi Seidl und Angelika Zahrnt sprechen bereits von der „Postwachstumsgesellschaft“ (2010). Während ein geradezu borniert argumentierender Wachstumsfetischist, der liberale Wirtschaftsprofessor Karl-Heinz Paqué, die Zeichen der Zeit nicht erkennen will (2010), stellen die Wissenschaftlerinnen Seidl und Zahrnt nüchtern fest: „Aktive Wachstumspolitik stößt auf gesättigte Märkte (2010: 34). Sie berufen sich auf die „Logik der Begrenztheit der Erde“ (2010: 32). Und es stimmt ja auch nicht, dass Wirtschaftswachstum dafür sorgt, dass die soziale Ungleichheit von Einkommen und Vermögen ausgeglichen wird. Das Gegenteil ist der Fall. Die Schere hat sich gerade in den Boomzeiten der 1990er Jahre weiter denn je geöffnet.

Um so erfreulicher ist, dass Reinhard Loske nun Alternativen zum Wachstumszwang (2011, 2013) aufzeigt. Er plädiert für „einen Kulturwandel in Richtung Suffizienz, Genügsamkeit und Maßhalten. Loske wünscht, dass wir endlich *schrumpfen dürfen*. Im demographischen Wandel muss dies zum neuen Paradigma werden, auch wenn viele Politiker und Wissenschaftler dies noch immer nicht akzeptieren wollen. Fakt ist: Die Zeit ewigen Wachstums ist vorbei. Bevölkerungspolitisch gibt es sie in Deutschland ohnehin schon lange nicht mehr. „Die Wahrheit ist dem Menschen zumutbar", hat Ingeborg Bachmann geschrieben. Das gilt nicht nur für die große Politik. Der Satz muss auch von den Akteurinnen und Akteuren der Kommunalpolitik akzeptiert und konsequent im politischen Alltag umgesetzt werden.

Das Ende der alten Lokalpolitik

Erst jetzt wird vielen bewusst, wie weitreichend die Folgen des demographischen Wandels auch auf lokaler Ebene sind. Er hat Auswirkungen auf die kommunale Infrastruktur, auf Haushalt und Finanzen, die Höhe von Steuern, Abgaben und Gebühren, die Prioritäten kommunaler Ratsthemen, den Städtebau, die Siedlungspolitik, die Flächennutzungsplanung, die Verkehrsplanung und den ÖPNV, die Angebote an Schulen, Kindergärten und Einrichtungen zur Tagesbetreuung, den Einzelhandel und die Wirtschaft, die Versorgungslage, die soziale Balance, die Gestaltung des öffentlichen Raums für eine alternde Bevölkerung, den so genannten Generationenvertrag, die Seniorenpolitik, das Ehrenamt und auf Governancefragen. Kommunale Verwaltungen, Stadt- und Gemeinderäte sind direkt betroffen.

In Studien sind bis zu 18 lokale Policy-Felder identifiziert worden, die vom demographischen Wandel direkt betroffen sind. Und doch tun sich Verwaltungen schwer, angemessen auf die Veränderungen zu reagieren. Während die Bürgermeister den Ernst der Lage erkannt haben (Jonda 2012), fühlen sich viele Beamte und Beschäftigte nicht zuständig – als sei die Bewältigung des demographischen Wandels nur ein Thema für Stabsstellen, Arbeitskreise, Projektgruppen. Fakt ist, dass Haupt- und Querschnittsämter ebenso involviert sind wie Kämmereien, Bauämter, Sozialämter.

Gemeindeentwicklung, Finanzen und Vermögen, Wirtschaft, Handel, Arbeit, Tourismus, Energieversorgung, Netzinfrastruktur, Verkehr und barrierefreie Mobilität, öffentliche Sicherheit und Ordnung, Bildung, Wissen, Erziehung, Kindergärten, Krippen, Schulen, Familienpolitik – all diese Einzelthemen hängen direkt mit demographischem Wandel zusammen. Es ist also völlig unmöglich, sich als Verwaltungsmensch nicht mit Demographie zu beschäftigen.

Noch lästiger ist Demographie für Kommunalpolitiker. Sie verkünden am liebsten Erfolge. Damit lassen sich künftige Wahlsiege programmieren.

Demographischer Wandel verspricht aber keine Siege, sondern vorwiegend Negativmeldungen. Wer glaubt schon, dass man damit Wahlen gewinnen kann? Weil dies so ist, vermeiden Kommunalpolitiker das sperrige Thema, wo sie können. Sie sind in der Regel nicht bereit, sich der Wahrheit zu stellen.

Es wird aber in Zukunft nicht mehr möglich sein, sich diesen Realitäten einer sich wandelnden Gesellschaft zu verweigern. Wer zu spät kommt, den wird das Leben bestrafen. Illingen 2030 hat bewiesen, dass man mit Demographie Bürgermeisterwahlen gewinnen kann. Das ist eine positive Erkenntnis, die alle Mutigen ermuntern sollte.

Begriffsbestimmungen

Demographischer Wandel

Demographischer Wandel bezeichnet die Veränderung der Alters- und Sozialstruktur einer Bevölkerung sowie der Einwohnerzahl im Zeitverlauf durch unterschiedliche Fertilität, Mortalität und Mobilität zu unterschiedlichen Zeitpunkten.

Charakteristisch für die demographischen Entwicklung in Deutschland sind stagnierende oder sinkende Geburtenraten, ein damit zusammenhängender Kindermangel, steigende Lebenserwartung, die (Über-)Alterung der Gesellschaft, Bevölkerungsrückgang in Städten und Regionen, selektive Wanderungen, die Zunahme leerer Wohnungen und Häuser und die Destabilisierung der Generationenbalance. Hinzu kommen Probleme der Singularisierung und der Heterogenisierung.

Bevölkerungsfortschreibung

Empirisch lässt sich der demographische Wandel retrospektiv anhand der Bevölkerungsfortschreibung analysieren. Es handelt sich um eine offizielle statistische Berechnung. Sie wird jährlich vorgenommen und umfasst die Addition der Geburten und Zuzüge zum aktuellen Bevölkerungsstand zum Ende des Vorjahres. Davon werden Sterbefälle und Fortzüge auf einem Gebiet während eines Jahres abgezogen. Grundlage kann eine Volkszählung (Makrozensus) sein. In der Regel ist es jedoch die jährlich vorgenommenen Fortschreibung der Meldeämter. Dieser Datenbestand ist fehleranfällig. Wie hoch die Fehlerquote sein kann, belegt das Ergebnis des letzten Mikrozensus.

Bevölkerungsstatistik

„Bevölkerungsstatistik hat den Umfang und die Strukturen von Bevölkerungen sowie deren Veränderungen im Zeitablauf zum Gegenstand." (Gabler Wirtschaftslexikon)

Bevölkerungsentwicklung

„Die zeitliche Veränderung des Bevölkerungsstandes charakterisiert die Bevölkerungsentwicklung in Deutschland. Mit den Ergebnissen des Zensus 2011 wird die Berechnung des Bevölkerungsstandes auf eine neue Grundlage gestellt. Während eines Jahres steigt die Bevölkerungszahl durch Geburten und Zuzüge aus dem Ausland und wird gleichzeitig durch Sterbefälle und Fortzüge ins Ausland vermindert. In Deutschland gibt es seit Längerem ein Geburtendefizit, da jedes Jahr mehr Personen sterben als geboren werden. Die Rubrik Wanderungen umfasst Daten zu Personen, die Deutschland verlassen haben oder hierher gekommen sind. Entscheidend für die Bevölkerungsentwicklung ist die Differenz zwischen Zuzügen und Fortzügen, der so genannte Wanderungssaldo." (Statistisches Bundesamt)

Bevölkerungsbilanz

„Die Bevölkerungsbilanz zeigt den Anstieg bzw. Rückgang der Bevölkerungszahl innerhalb eines Zeitraumes und eines bestimmten Gebietes an und ist das Gesamtergebnis von natürlicher und räumlicher Bevölkerungsbewegung. Bis zum Jahr 2002 wies Deutschland einen Bevölkerungszuwachs aus, weil die Wanderungsgewinne höher ausfielen als die Verluste aus der natürlichen Bevölkerungsbewegung. Von 2003 bis 2010 war dies nicht mehr der Fall und die Bevölkerungszahl in Deutschland sank. Mit den hohen Zuwanderungsüberschüssen des Jahres 2011 änderte sich dies wieder." (Bundesinstitut für Bevölkerungsforschung BiB 2014)

Bevölkerungsanalysen

Bevölkerungs- oder Demographie-Analysen sind dann aussagekräftig, wenn sie auf Zeitreihenvergleichen der offiziellen Daten des Statistischen Bundesamtes beruhen. Die Daten haben eine hohe Plausibilität und Relevanz.

Demographische Trends

Die voraussichtliche Zukunftsentwicklung wird auf der Grundlage der offiziellen Bevölkerungsvorausberechnung prognostiziert. Daraus lassen sich demographische Trends zur Bevölkerungsentwicklung, zur Altersentwicklung, zur Altersbalance und zahlreiche Einzelaspekte ableiten. Demographische Trends sind mit Unsicherheiten behaftet.

Bevölkerungsvorausberechnung

Bevölkerungsvorausberechnungen sind statistische Prognosen auf der Grundlage aktueller amtlicher Meldedaten, die zeigen, „wie sich die Bevölkerungszahl und der Altersaufbau der Bevölkerung unter bestimmten Annahmen zur Entwicklung wesentlicher Komponenten der Bevölkerungsbewegung – Geburtenhäufigkeit, Sterblichkeit und Wanderungen – innerhalb eines festgelegten Zeithorizonts verändern.“ Dazu berechnet das Statistische Bundesamt unterschiedliche Varianten über einen längeren Zeitraum. Sie lassen sich vom Bund auf Länder und Regionen übertragen. Die Fertilität gilt als Variable, die sich im Zeitverlauf nur langsam verändert. Dagegen wirken sich im regionalen Vergleich Wanderungsbewegungen schon in kürzeren Zeitabständen signifikant auf die Bevölkerungsentwicklung aus. Solche Wanderungsbewegungen sind kaum zu prognostizieren und hängen von Sonderentwicklungen und Zufällen ab. Damit sind Fehlerquellen für Bevölkerungsprognosen systemimmanent.

Modellrechnungen bilden nicht die Zukunft ab, sie sind lediglich wahrscheinliche Varianten. Abbildungen der Realität sind dagegen die bisher eingetretenen Veränderungen – etwa der Bevölkerungszahl oder der Geburtenzahl pro Jahr.

Unsicher bleibt, warum die jeweiligen Entwicklungen eingetreten sind, weil prinzipiell zu viele verschiedene Variablen in diesem komplexen System nachhaltige Wirkungen auslösen können. Je kleinteiliger die Betrachtung, desto schwieriger sind die Trends zu interpretieren und zu prognostizieren.

Demographie und Infrastruktur

Der demographische Wandel hat erhebliche Auswirkungen auf die Infrastruktur und die Finanzen der Kommunen. Schon jetzt wird vielfach die kommunale Infrastruktur unzureichend ausgelastet. Das wird sich noch deutlich verschärfen. Besonders betroffene Bundesländer mit Problemregionen und eine Reihe von Städten und Gemeinden arbeiten schon lange an Gegenstrategien, haben damit aber nur begrenzten Erfolg. Anpassungen sind unvermeidbar. Daraus resultieren schwindende Handlungsspielräume für Räte und Verwaltungen. Wohltaten sind nicht mehr zu verteilen, stattdessen ist über Schließung, Abriss und Rückbau zu diskutieren.

Dass sich der demographische Wandel auf die Gebührenkalkulation und die Gebührenentwicklung auswirken kann, haben zahlreiche Bürger inzwischen erfahren. Sie können allerdings nicht verstehen, dass sie trotz erfolgreicher Sparanstrengungen (z.B. Wasserverbrauch) mehr bezahlen müssen. Solche Entwicklungen sorgen für Verdruss bei den Wählern und bergen ein nicht zu unterschätzendes politisches Konfliktpotenzial. Betriebswirtschaftlich sind diese Folgen kaum zu vermeiden. Deshalb müssen die Kommunen darauf politisch reagieren – auch durch Public-Value-Schwerpunktsetzungen. Mit Begeisterung wird dies von der Bevölkerung nicht aufgenommen.

Essentials zur Demographie

1 Demographischer Wandel ist Realität

Demographischer Wandel findet statt. Er ist kein Phänomen von morgen, sondern Realität heute. Damit müssen sich Politiker aller Ebenen auseinander setzen. Nach jetziger Kenntnis wird der demographische Wandel die Gesellschaft in einem Prognose-Zeitraum von 30 Jahren fundamental verändern. Das Land wird ethnisch heterogener, die Bevölkerung wird tendenziell älter, da die Lebenserwartung gestiegen und die Fertilität gesunken ist. Die niedrige Fertilitätsrate ist die Hauptursache der Schrumpfung und der relativen Alterung. Negativeffekte aus der Schrumpfung und der Alterung der Bevölkerung können sich gegenseitig verstärken.

Die Deutschen sterben aber nicht aus. Entsprechende Äußerungen sind statistisch selbst für einen langen Prognosezeitraum zu widerlegen. Die wachsende ethnische Heterogenität hat Auswirkungen auf das Alltagsleben. Menschen mit Migrationshintergrund werden eine zunehmende Rolle auf lokale Policies haben. Auch als Wähler und Repräsentanten werden sie relevant. Die Nettozuwanderung liegt derzeit signifikant unter den Vorausberechnungen. Erhöhte Zuwanderung würde einen Paradigmenwechsel mit verstärkten Integrationsbemühungen und dem Werben um junge, gut ausgebildete Zuwanderer erfordern. Das Problem ist derzeit ungelöst.

2 Paradigmenwechsel

Deutschland erlebt einen generellen Wandel vom Wachstumsparadigma zu einer notwendigen Akzeptanz der Schrumpfung, vom Jugendmythos zur alternden Gesellschaft. Das Land und seine Menschen sind darauf bisher nicht eingestellt. Probleme werden vielfach verdrängt, aktuelle Herausforderungen nicht gesehen. Um dies zu ändern, sind offensive Information der Öffentlichkeit, Transparenz und direkte Kommunikation mit den Einwohnern notwendig. „Die Wahrheit ist dem Menschen zumutbar“, hat Ingeborg Bachmann geschrieben. Die Akzeptanz der Realität ist zwingend notwendig, um die richtigen politischen Konsequenzen ziehen zu können.

Schrumpfung, Alterung, Leerstände sind vor allem in Ostdeutschland Alltag, doch inzwischen ist auch die Hälfte der westlichen Bundesländer betroffen. Während die Negativ-Effekte des demografischen Wandels im auch finanziell schwer gebeutelten Saarland flächendeckend auftreten, sind es in Rheinland-Pfalz, Hessen, Baden-Württemberg, Bayern, Nordrhein-Westfalen, Niedersachsen und Schleswig-Holstein vor allem die dünner besiedelten ländlichen Gebiete. Auch Städte in den alten Montan- und Industrieregionen schwächeln oder zeigen unverkennbar Symptome eines beschleunigten Niedergangs. Die Ergebnisse des Zensus haben viele Stadt-Verantwortliche schockiert: Ihnen sind tausende Einwohner über Nacht abhanden gekommen. Auch die, die bisher den Kopf in den Sand gesteckt haben, sind nun in der Wirklichkeit angekommen: Weniger Einwohner heißt weniger Kaufkraft, schwächere Infrastrukturauslastung, Leerstände, steigende Entsorgungsgebühren, höhere Kosten, niedrigere Schlüsselzuweisungen und oft auch höhere Verschuldung.

Zwar versuchen viele Kommunen, mit Einsprüchen und Klagen gegen den Zensus zu den alten Berechnungszahlen zurück zu kommen, doch das wird kaum gelingen. Und selbst wenn es gelänge: Das Rad der Entwicklung drehen sie auch mit Klagen nicht zurück.

Vorbei die Zeit, als man sich auf alte Rezepte verlassen konnte, auf die Profis in Politik und Institutionen, auf Experten und Investoren. Vorbei die Zeit, als Wachstum garantiert war. Vorbei die Zeit, als es immer nur aufwärts ging. Die Ressourcen sind endlich, der demographische Wandel führt gerade im Saarland und im Westen von Rheinland-

Pfalz und in ländlichen Gebieten Hessens zu Schrumpfung und Alterung, zu Krisen und Problemen.

Die Zukunft gehört denen, die neu denken, die Zukunft gehört denen, die Mut zum Handeln unter veränderten Bedingungen haben, die Zukunft gehört denen, die die Verhältnisse zum Tanzen bringen und sich selbst neu erfinden. Die Hoffnung vieler Lokal- und Landespolitiker, den Status Quo ohne Veränderungen erhalten zu können, ist trügerisch. Zu stark sind die äußeren Einflüsse, als dass man alles beim alten lassen könnte.

3 Das Ende der Gleichwertigkeit?

Es gibt nicht „den" demographischen Wandel für ganz Deutschland. Derzeit sind vielmehr regional unterschiedliche Entwicklungen und mehr als ein Dutzend unterschiedliche Demographietypen zu beobachten. Die wichtigsten „demographic patterns" sind die Parallelität von Schrumpfung und Wachstum in unterschiedlichen Regionen, starke Wanderungsbewegungen (Binnenmigration und intranationale Migration), ethnische Heterogenisierung, Unterauslastung der Infrastruktur, Erosionstendenzen in Stadtkernen und an Ortsrändern, Leerstände von Wohnungen, Häusern und Geschäften, Industriebrachen und Brain Drain.

Erkennbar ist eine gespaltene Dynamik zwischen wachsenden und schrumpfenden Regionen. Das gefährdet die Leitvorstellung gleichwertiger Lebensverhältnisse in Deutschland (GG Art. 72 Abs. 2) und provoziert Anpassungsprozesse. Selbst ein Verzicht auf das Gleichwertigkeitsziel wird mittlerweile diskutiert.

So haben das IASS Potsdam und das Berlin Institut für Bevölkerung und Entwicklung in einer gemeinsamen Publikation bereits die Losung „Vielfalt statt Gleichwertigkeit" (2013) ausgegeben. Klaus Töpfer und Reiner Klingholz sehen den Anspruch auf Gleichwertigkeit heute kontraproduktiv:

„De facto entwickeln sich die regionalen Lebensbedingungen im Hinblick auf Bevölkerungsdichte, Erreichbarkeit und Versorgung mit öffentlichen Dienstleistungen in hohem Tempo auseinander. Die Politik hat diese Zeichen noch nicht erkannt und es bisher versäumt, einen Ordnungsrahmen für das Gegenteil des Wachstums aufzustellen – für das Kleinerwerden." (Töpfer/Klingholz 2013: 5)

Bis zu diesem Punkt ist die Argumentation nicht nur schlüssig, sondern auch akzeptabel. Das ändert sich, wenn es um die Folgen geht:

„Die Ungleichwertigkeit (wem das Wort missfällt, der kann auch von ‚Vielfalt' sprechen) muss Teil der politischen Planung werden. Weil die Mittel begrenzt sind, gefährdet das Dogma von Wachstum und Gleichwertigkeit die Chancen jener Regionen, die sich künftig stabilisieren können." (2013: 5) Und so empfehlen die beiden Wissenschaftler den Grundsatz „Weniger ist Zukunft", der bereits in einem Demographie-Projekt in Sachsen-Anhalt für Aufsehen sorgte.

„Wenn akzeptiert würde, dass nicht alle Regionen Deutschlands unter den gleichen Standards leben können, bedeutete das nicht weniger, sondern mehr Vielfalt, also auch mehr wohl verstandenen Reichtum. Wenn sich auf diesem Weg des geordneten Rückzugs auch noch das eine oder andere Ziel der deutschen Nachhaltigkeitsstrategie besser erfüllen ließe, wäre noch mehr gewonnen. Deshalb gilt es, Mittel und Wege zu finden, wie sich die Regionen an den Bevölkerungsschwund anpassen können, ohne dabei auch noch ökonomische und ökologische Kosten zu verursachen. Denn im Prinzip bietet der Abbau von un- oder untergenutzter Infrastruktur die Chance, eine „ökologische Dividende" des demografischen Wandels zu nutzen." (Töpfer/Klingholz, 5).

Dass diese Forderungen zu heftigen Gegenreaktionen geführt haben, überrascht nicht. Töpfer und Klingholz stellen alles in Frage, was nach dem Zweiten Weltkrieg in Westdeutschland unter der Rubrik Struktur- und Förderpolitik mit Milliardenaufwand praktiziert wurde. Mit der Gleichwertigkeit der Lebensverhältnisse, wie sie das Grundgesetz fordert, sind diese radikalen und revolutionären Forderungen nicht in Einklang zu bringen. Ungeachtet dessen ist die Debatte nun eröffnet. Wer kann ausschließen, dass aus Einzelmeinungen in wenigen Jahren Mehrheiten werden?

Auch die Frage der Neugliederung des Bundesgebiets wird voraussichtlich in den nächsten Jahren an Aktualität und Brisanz gewinnen.

4 Schrumpfung akzeptieren

Politiker und Bürger, deren Orte und Regionen vom demographischen Wandel betroffen sind, versuchen in der Regel mit hohem Aufwand, den Trend zu drehen. Da es sich um gesellschaftliche Megatrends handelt (Fuchs 2014), kann dies lokal nicht gelingen, jedenfalls nicht in überschaubaren Zeiträumen. Wo durch Wahlgeschenke wie Babygeld oder andere Bonbons vorübergehend Erfolge erkennbar sind, ist jetzt schon absehbar, dass diese positive Tendenz nicht dauerhaft zu halten ist. Entweder werden Nachbargemeinden im Sinne einer interkommunalen Kannibalisierung geschädigt oder die positiven Effekte verpuffen im Lauf der Zeit. Bisher ist der Nachweis der Nachhaltigkeit solcher Maßnahmen nicht erbracht worden.

Je mehr Kommunen und Regionen Sonderzuwendungen eingeführt haben, umso wirkungsloser wurden die Maßnahmen. Lokale demographische Gratifikationen zur Förderung der Fertilität verschwenden Ressourcen und sind daher strikt abzulehnen.

Auch Dumpingsteuern, die auf Kosten der Allgemeinheit eingesetzt werden, um sich im verschärften Konkurrenzkampf mit Nachbargemeinden kurzfristige Vorteile zu verschaffen, sind abzulehnen.

Demographischer Wandel erfolgt langsam. Deshalb können ohne Hektik Anpassungsstrategien erprobt werden. Die großen demographischen Trends lassen sich - abgesehen von geplanter Zuwanderung - kurzfristig nicht steuern. Migration wirkt sich unmittelbarer als alle anderen Faktoren aus. Sollte Deutschland durch eine strategische Politikentscheidung zum Einwanderungsland werden, könnte der demographische Wandel im Bereiche der Bevölkerungsentwicklung positiv beeinflusst werden. Das setzt aber massive Integrationsbemühungen voraus, um eine Inklusion der Migrantinnen in die Gesellschaft zu garantieren. Die wachsende ethnische Heterogenität hat Auswirkungen auf das Alltagsleben. Menschen mit Migrationshintergrund werden eine zunehmende Rolle auf lokale Policies haben. Auch als Wähler und Repräsentanten werden sie relevant.

Völlig aussichtslos ist nach den Erfahrungen der letzten Jahre dagegen der Versuch, die Fertilität kurzfristig zu beeinflussen. Die Entscheidung für oder gegen Kinder ist eine höchst persönliche Frage, die stark von gesellschaftlichen Rahmenbedingungen, Prägungen, Karrierechancen und langfristigen Wertvorstellungen abhängt (vgl. Fuchs 2014). Lokal sind diese Faktoren nicht zu steuern. Kommunal sind allenfalls Strohfeuereffekte und kurze Sonderentwicklungen erkennbar, die aber nicht nachhaltig sind.

Das bedeutet: Aktionismus führt nicht weiter, Geburtsprämien z.B. sind hinausgeworfenes Geld. In Konsolidierungskommunen sollten solche freiwilligen Leistungen durch die Kommunalaufsicht verboten werden. Andererseits hilft es nicht, den Kopf in den Sand zu stecken und zu hoffen, dass die Probleme vorübergehen. Sie werden sich nicht in Luft auflösen.

Erfolg versprechend ist dagegen die Regenerierung der Städte und Gemeinden im Schrumpfungskontext unter intensiver Beteiligung der Bürger.

5 Nicht abwarten, sondern handeln: Infrastruktur optimieren

Kommunen dürfen im demographischen Wandel nicht abwarten, sondern müssen agieren und optimieren (Boll 2014), denn Bevölkerungsschwund führt zu Einnahme-Schwund, Auslastungsproblemen in der Infrastruktur und Kostensteigerungen. Ziel ist es, robuste (Infra-)Strukturen zu sichern oder neu zu schaffen, damit die Zukunft bewältigt werden kann. Im Gegensatz zu den großen Bevölkerungstrends können Infrastrukturausstattungen beeinflusst werden. Durch Kooperationen, multifunktionale Nutzungen und optimierten IT- und Technikeinsatz können Kosten gesenkt und Auslastungsquoten verbessert werden.

In Schrumpfungsgebieten wird es allerdings auch zur Schließung kommunaler Einrichtungen kommen. Das wird zu Konflikten führen. Die Ursachen müssen der Bevölkerung umfassend erklärt werden.

Demographischer Wandel bedeutet aber nicht zwingend Abbau, Rückbau und Schließung. Die Modernisierung der Infrastruktur bietet auch Chancen zu optimierten Neubauten. Aufgabe der Planer und Entscheider ist es, Zukunft weisende und nachhaltig wirksame Projekte auf den Weg zu bringen, die ökonomisch und ökologisch optimiert und energieeffizient sind.

6 Neupositionierung der Kommunen

Eine der wichtigsten Erkenntnisse ist, dass die Verantwortlichen in den Kommunen selbst aktiv werden müssen und nicht rein defensiv auf eine immer schwierigere Umwelt reagieren dürfen. Innovationsfähigkeit, Kreativität und Aufgeschlossenheit sind dabei unverzichtbar.

Ziel ist die strategische Neupositionierung der Kommunen, wobei die wichtigsten Stärken, Schwächen, Chancen und Risiken und die wesentlichen Ressourcen beachtet werden müssen. Gerade für kleine Kommunen, aber auch für kleine kommunale Einheiten (Eigenbetriebe, Werke, Kulturbetriebe) kann es wertvoll sein, sich gegen die Großen kreativ und flexibel zu positionieren.

Eigendynamik, Innovationskraft, Kommunikation, Ganzheitlichkeit, Nachhaltigkeit, Vertrauen in kompetente Mitarbeiter, gemeinsame Ziele, Beweglichkeit, Begeisterungsfähigkeit, Wirtschaftlichkeit und die Bereitschaft, die Organisation „neu zu erfinden" helfen, auch in Krisen- und Transformationszeiten neue Perspektiven zu eröffnen. Dabei spielt Wirtschaftlichkeit, die sich anhand von Kennzahlen und Indikatoren abbilden lässt, eine wichtige Rolle. Sie ist aber nicht das einzige Kriterium. Geschichte, Tradition, Kultur können vor allem in Phasen des Übergangs Identität stiften und neue Kreativitätspotenziale eröffnen, um so den Übergang zu einem neuen Lebenszyklus der Organisation zu erleichtern.

Veränderungsprozesse müssen offensiv kommuniziert, mit umfassenden Informationen unterlegt und aktiv moderiert werden, um Vertrauen zu schaffen. Dabei sollen die betroffenen Bürger und Unternehmen sehr früh einbezogen werden. Der Prozess muss durch Führungskräfte mit Visionen gesteuert werden. Veränderungsprozesse brauchen mutige Promotoren, eine gute demokratische Basis, neutrale, professionelle Moderatorinnen und Moderatoren und ausreichende Finanz- und Sachmittel. Die Verantwortlichen müssen so flexibel sein, dass sie im Laufe des Prozesses Korrekturen und fremde Ideen zulassen, mit denen die ganze Richtung sich ändern kann. Regelmäßiges Feedback ist notwendig und soll zu Feinabstimmung der Strategie beitragen, damit der Prozess nicht aus dem Ruder läuft und Frustrationenen erzeugt.

7 Zurück in die Mitte – Warenangebote sichern

Wo Städte und Dörfer schrumpfen, schrumpft auch das Angebot an Waren. In wachstumsschwachen Regionen zeigen sich in vielen Kommunen Erosionstendenzen. Nicht nur die Bevölkerungskurve tendiert ins Negative, sondern auch die lokale Wirtschaftsentwicklung. Zu den quantitativen und qualitativen Folgen der Schrumpfung zählen eine zurückgehende Nachfrage nach Häusern, Wohnungen und Gewerbeflächen, eine geringere Auslastung von Infrastruktureinrichtungen, was zu tendenziell steigenden Kosten führt (Vorhaltekosten, Grund- und Finanzierungskosten, erhöhter Aufwand pro Kopf der Bevölkerung), sinkende kommunale Steuereinnahmen, steigende Zahl von Leerständen und Brachflächen. Damit verbunden ist eine sinkende Attraktivität des Standorts.

Um Erosionstendenzen entgegenzuwirken, müssen Kommunen die Innenlagen stärken und mit dem Planungsrecht die Expansion in Außenlagen stoppen.

Die Gewerbetreibenden selbst müssen sich stärker engagieren und kreative Lösungen für Marketing, Kundenbindung und Warenpräsentation finden. Lösen können sie ihre Probleme durch Kooperationen und Innovationen. Die Kommunen sollten sie dabei nachhaltig unterstützen.

Außerdem ist es Aufgabe der Kommunen, interkommunal Standortaufwertung zu betreiben und Sicherheit und Sauberkeit zu gewährleisten.

8 Aus Verantwortung Flächen schonen

Deutschland braucht einen Paradigmenwechsel in der Flächenpolitik: Boden ist kostbar und muss geschont, Flächenverbrauch vermieden werden. Wer Verantwortung für Kinder und Enkel übernehmen will, wer Generationen gerechte Politik anstrebt, kann die ruinöse Inanspruchnahme von Böden nicht länger akzeptieren. Das entspricht der Intention nachhaltiger Politik, wie sie die Brundtland-Kommission schon 1987 formuliert hat: „Nachhaltige Entwicklung ist eine Entwicklung, die den Bedürfnissen der heutigen Generation entspricht, ohne die Möglichkeiten künftiger Generationen zu gefährden, ihre eigenen Bedürfnisse zu befriedigen."

Durch einen verschwenderischen Umgang mit unbebauter Landschaft, der nicht notwendige Bebauung, Versiegelung und Zersiedlung wird der Lebensraum für Tiere und Pflanzen weiter eingeschränkt. Landschaft und Naturräume werden auf unnatürliche Weise zerteilt, auch lokal nimmt die Biodiversität ab. Auf Dauer schädigt dies nicht nur ländliche Räume, sondern das Land insgesamt.

Deshalb ist ein radikaler Kurswechsel in der kommunalen Flächen-Politik notwendig. Neubaugebiete in Außenbereichen sollten in Regionen mit schrumpfender Bevölkerung grundsätzlich nicht mehr genehmigt werden. Flächenschutz soll gesetzlich verankert werden. Eine strikte Begrenzung von Neubaugebieten über die Landesplanung erscheint deshalb als zwingend.

Solche Grundsatzbeschlüsse sind aber in der kommunalen Politik sehr konfliktträchtig, denn es ist eine radikale Abkehr von Erfolgsrezepten der Vergangenheit. Jahrzehntelang konnten Politiker mit der Ausweisung von Neubaugebieten Wahlen gewinnen.

9 Vorrang für Generationenpolitik

Bisher findet lokale Generationenpolitik (Kottmann 2014), die diesen Namen verdient kaum statt. Zu einer modernen Generationenpolitik gehören die Schwerpunkte Bildung, Kinderbetreuung, Erziehung, Schule, Barrierefreiheit, Seniorenpolitik, Pflege und Gesundheit, Vereinbarkeit von Beruf und Familie, gesellschaftliche Dialoge sowie öffentliche Familienleistungen und generationenübergreifende Freiwilligendienste. Wichtige Ziele einer lokalen Generationenpolitik sind Gerechtigkeit, Verantwortung, Verlässlichkeit und Nachhaltigkeit. Damit sollen unterschiedliche Interessen und mögliche Spannungsfelder nicht ausgeblendet oder zugekleistert werden. Vielmehr geht es darum, im lokalen Bereich die Politik so zu organisieren, dass alle Generationen profitieren und dass dies zu einer produktiven und sozial verantwortbaren Entwicklung führt, in der Junge und Alte ihre Persönlichkeit frei entfalten können. Dies stärkt den sozialen Zusammenhalt und fördert die Entwicklung einer Kommune.

Generationenpolitik unter tatkräftiger Einbeziehung der Bevölkerung wird möglicherweise neue Schwerpunkte setzen. Gemeinderäte und -verwaltungen müssen diese Profilierung unterstützen und dürfen sie nicht blockieren. Das kann auch Bereiche umfassen, die bisher nicht unter den Vorzeichen der Generationenpolitik gesehen wurden, etwa die Verkehrs- und Mobilitätspolitik.

Wo Schwerpunkte der Politik verändert werden, ändert sich in der Regel auch die Ressourcenverteilung. Auch dies kann zu Konflikten führen.

Andererseits verschiebt sich im demographischen Wandel die Generationenbalance. Es ist also legitim, dass sich in diesem Zusammenhang auch die Mittelverteilung verändert.

10 Demographischer Wandel erfordert Partizipation

Partizipative Entwicklungsplanung ist möglich und Erfolg versprechend. Offenheit und Transparenz sind wesentlich. Wenn Politik und Verwaltung mutig sind, sind auch die Bürger mutig.

Die vitale Kommune braucht unternehmungslustige Kinder und Jugendliche, sie braucht Erwachsene, die Lust haben, politisch mitzumischen, sich gesellschaftlich einzumischen, die Neues ausprobieren und Bewährtes bewahren. Sie braucht aktive Vereine, eine funktionierende Nahversorgung, bei der auch kleine Geschäfte und Marktstände eine Chance gegen Discounter und Filialisten haben, sie braucht eine vielfältige lokale Kultur, die nicht „eventisiert", sondern authentisch ist.

Eine vitale Stadt braucht aber auch eine Verwaltung, die flexibel ist, die Mut zu unkonventionellen Ideen hat, die auf Partizipation und Kooperation mit den Bürgern baut, und sie braucht Politiker, die das Wohl der Einwohner über Parteiräson und eingefahrene Rituale stellen. So gehören zum Paradigma der vitalen Kommune Zukunftsfähigkeit, Innovationskraft, Entwicklungsfähigkeit, die konsequente Nutzung der Ressourcen, Wirtschaftlichkeit, Bürgernähe, Identität und Authentizität.

Das kann nicht von oben verordnet werden. „Was alle angeht, können nur alle lösen", hat Friedrich Dürrenmatt geschrieben. Das gilt im demographischen Wandel in besonderem Maße.

Wer Zukunft sichern will, braucht Commitment, also Zustimmung und Vertrauen. Direkte Partizipation ist unverzichtbar. Das Motto heißt: Einmischen und Mitmischen. Notwendig sind Offenheit, Fairness, Transparenz, Kommunikation. Die Bürgerinnen und Bürger sollen aber nicht in erster Linie über Verzicht bestimmen, sondern über künftige Schwerpunkte, Profile, Stärken (POSITIV-Ansatz).

Als Instrumente bieten sich die M-I-T-Komm-Strategie und die F-I-T-Komm-Strategie an. Die M-I-T-Komm-Strategie setzt auf Motivation, Information und Kommunikation, die zu Veränderungen in den lokalen Politikschwerpunkten führen sollen. Zukunftswerkstätten, Ideenwerkstätten, World-Cafés, Planungszellen sind ein geeigneter Rahmen, um zu informieren, zu kommunizieren, zu verhandeln, zu motivieren, zu mobilisieren und um Commitment zu erreichen. Die F-I-T-Komm-Strategie umfasst Fokussierung, Information, Transformation und Kommunikation, um Gemeinden fit und überlebensfähig zu machen. Bürger müssen allerdings einen Mehrwert für sich erkennen, bevor sie bereit sind zu direkter politischer Beteiligung. Um dies zu erreichen, müssen sie nicht nur rational angesprochen werden, sondern auch emotional. Wer emotionalisiert, kann die Menschen besser erreichen. Partizipationsprojekte müssen klar strukturiert und zeitlich begrenzt sein. Sie sollen zielorientiert aufgebaut und alltagsnah sein.

11 Jugendinteressen wahren

In einer „ageing society“ dürfen Jugendinteressen nicht vernachlässigt werden. Jugendliche sind partizipationswillig, müssen aber zielgruppengerecht (jugendgemäße Partizipationsformen und neue Medien) angesprochen werden. Gute Jugendprojekte sind in hohem Maße Erfolg versprechend.

Jugendliche sind in der Regel in der kommunalen Politik unterrepräsentiert. Sie lassen sich aber motivieren und mobilisieren, wenn Thema und Ansprache stimmen. So ist die Bereitschaft zur Teilnahme an Wahlen nach wie vor sehr hoch. Motivationsfördernd sind flexible, zeitlich begrenzte Formen, die Erfolge versprechen und auf Aktionen basieren, weniger auf Dialog. Auch ein gewisser Spaßfaktor sollte gewährleistet sein. Dabei müssen Jugendliche die Chance echter Mitsprache und Mitentscheidung auf Augenhöhe haben – gegebenenfalls unter Verzicht auf sonst übliche formale Voraussetzungen. (König 2011)

Die Partizipation von Jugendlichen bietet Chancen für aktive politische und gesellschaftliche Beteiligung, wenn junge Menschen ihr Lebensumfeld selbst gestalten können und wenn die lokale Gemeinschaft ihnen Freiräume ermöglicht. Stärker als bisher soll neben reinen Jugendprojekten auch generationenübergreifende Partizipation forciert werden. Vermittlungsprozesse müssen modernisiert werden. Das bedeutet, dass auch und vor allem das Social Web (Facebook, Twitter u.ä.) einbezogen wird in die Kommunikation.

12 Politik für Ältere und Barrierefreiheit

Eine demographiesensible Politik soll verstärkt Rücksicht auf ältere Menschen nehmen. Die Alterung der Gesellschaft hat Auswirkungen auf die Wirtschaftspolitik, die Gesundheitsversorgung, die Wohnverhältnisse, Beratungsangebote, ambulante soziale Dienste, stationäre Einrichtungen der Altenhilfe, Ernährung, Prävention und die Verkehrspolitik. Kommunale Altenplanung und Seniorenpolitik gewinnen einen neuen Stellenwert.

Überkommene Altersbilder müssen überwunden, professionelle Dienste und Sozialnetzwerke belebt und koordiniert und zahlreiche Politikfelder alterskompatibel gestaltet werden. Ältere Menschen müssen bei Planungen und Entscheidungen stärker als bisher beteiligt werden.

In einer alternden Gesellschaft sind ortsnahe Angebote der Daseinsvorsorge, Leistungen des Gesundheitssektors sowie Einkaufsmöglichkeiten ortsnah anzubieten. Die Wege sind im Sinne des Designs für alle weitgehend barrierefrei zu gestalten.

Soziale Integration und funktionierende Nachbarschaften sind für ältere Menschen sehr wichtig. Sie brauchen darüber hinaus mehr als bisher Hilfen zur Orientierung – sowohl räumlicher als auch inhaltlicher und gesellschaftlicher Art.

Seniorengerechte Beteiligungsaktivitäten können in Zeiten der Informationsgesellschaft verhindern, dass alte Menschen von echter sozialer Beteiligungs ausgeschlossen werden.

In diesen Fragen – von der Inklusion über menschengerechte Mobilität bis hin zu Kulturaktivitäten – dürfen die Kommunen nicht allein gelassen werden.

Illingen 2030 war mit einem umfassenden Seniorenbericht verbunden. Die Gemeinde bekennt sich darin ausdrücklich zu einem partizipatorischen, vernetzten Vorgehen im Sinne lokaler Governance-Arrangements, um möglichst viele Akteure adäquat einzubinden.

Kernelemente des Seniorenberichts sind die Leitlinien zur Seniorenarbeit:

- Altern in Würde ermöglichen und Selbständigkeit, Selbstbestimmung und gesellschaftliche Teilhabe unterschiedlicher Altersstufen erhalten und stärken
- Prävention als kommunale Aufgabe in den Bereichen Gesundheitsförderung, Sport, Bauen, Wohnen, Verkehr verankern
- Bildung und Kultur fördern, um die lokale Gesellschaft aktiv zu gestalten
- neue, innovative Wohnkonzepte in einer alternden Gesellschaft fördern
- Barrierefreiheit und Design für Alle gewährleisten, die Mobilität planerisch und praktisch nachhaltig sichern und die soziale Infrastruktur umgestalten;
- selbst organisierte Projekte fördern
- Ressourcen älterer Menschen in der Netzwerkarbeit (Net-Governance) nutzen, weil freiwilliges Engagement in der lokalen Gemeinschaft unverzichtbar ist

- Versorgung und Pflege älterer Menschen sicherstellen und vorhandene Dienste im Sinne einer ortsnah erreichbaren Angebotsstruktur bündeln
- Nachbarschaften stärken und anstelle stationärer Einrichtungen häusliche Pflege ausweiten (Pflegebegleiter, niedrigschwellige Angebote)

Sicherheit in allen Facetten gewährleisten (Kriminalprävention, Sicherheitsberater, Umbau des öffentlichen Raums).

13 Menschengerecht statt autogerecht

Wünschenswert ist ein Paradigmenwechsel von einer autogerechten zu einer menschengerechten Stadt. Das dient nicht nur älteren Menschen. Fußgängerfreundliche Straßenübergänge, Verlangsamung des Verkehrs, Umgestaltung von Ortsdurchfahrten – all dies sind Handlungsoptionen, die die Kommunen mittelfristig vorsehen sollten. Damit lassen sich Wahlen gewinnen.

In einer barrierefreien, menschengerechten Kommune werden Fußgänger besser geschützt. Familien mit Kleinkindern und Einwohner mit Handicap haben bessere Lebensbedingungen und faire Chancen. Für Maßnahmen, die mit diesem Leitbild kompatibel sind, sind langfristig tragfähige Finanzierungslösungen zu entwickeln. Ein solcher Paradigmenwechsel von der autogerechten zur menschengerechten Kommune kostet Geld, weil er erhebliche Umbauarbeiten und ggf. auch Rückbauten von Straßen zur Folge hat.

Die Zeiten, in denen Autofahrer freie Bahn hatten und mit viel PS ihre Stärke gegenüber anderen Verkehrsteilnehmern ausspielen konnten, sind vorbei. Slow life ist „better life". Das ist eine der Chancen im demographischen Wandel. Es geht nicht darum, das Auto gänzlich aus den Kernzonen zu verdrängen. Aufgabe der Kommunalpolitik ist es aber, die Konflikte zwischen Autofahrern und Fußgängern zu entschärfen. Es geht um mehr Fairness und um mehr Raum für Fußgänger und Radfahrer.

Das kann zu Konflikten mit den Einzelhändlern führen, die hohes Interesse daran haben, dass Autofahrer bis vor die Geschäfte fahren und dort parken dürfen. Zukunft weisend ist dies nicht.

14 Nachhaltigkeit und Accessibility

Die Prioritäten der Politik müssen sich verschieben im Hinblick auf die Nachhaltigkeit der Systeme, auf Accessibility, auf Generationengerechtigkeit, Wirtschaftlichkeit und Finanzierbarkeit. Netzwerke, Nachbarschaftshilfen, Selbsthilfeaktivitäten, lokale Beratungsangebote, ambulante Hilfen, Pflegestützpunkte und ehrenamtliche Sozialleistungen können und müssen auf kommunaler Ebene etabliert werden – dort wo die Problemnähe zur Lebenswirklichkeit der Senioren am stärksten ausgeprägt ist.

Vor allem in Zeiten geringen Wirtschaftswachstums müssen die Interessen der Ökologie deshalb gegenüber denen der Ökonomie verteidigt werden. Wo allerdings wertegebundenes Handeln die Politik bestimmt, wo Umweltverträglichkeit und Menschenzuträglichkeit politischer Macht und wirtschaftlichem Handeln Grenzen setzen, ist dies leichter zu realisieren.

Vorsorgende und nachhaltige Kommunalpolitik zeichnet sich durch kontinuierliche Pflege ökologischer Grundlagen aus – wie dies im Illtal seit 1990 der Fall ist. Dazu hat neben dem Zweckverband Illrenaturierung / Natura Ill-Theel mit seinen populären Aktionen (Wiederansiedlung des Bibers, Storchennester, Ökozeltlager) auch die Institutionalisierung des Umwelt- und Naturschutzes in den Verwaltungen der Illtalkommunen maßgeblich beigetragen. Die Sensibilisierung für Nachhaltigkeitsthemen hat auch den Demographiediskurs erleichtert.

15 Kooperieren statt kannibalisieren

Kommunen müssen im Sinne lokaler und regionaler Governance-Arrangements kooperieren und auch dabei die Bürger einbeziehen. Ruinöser interkommunaler Wettbewerb ist unverantwortlich und soll unterbunden werden.

Momentan ist leider ein falscher Trend zu beobachten: So herrscht in deutschen Kommunen die Neigung vor, mit kurzfristigem Aktionismus auf demographische und wirtschaftliche Herausforderungen zu reagieren. Statt langfristig Ziele abzustecken, um von kurzfristigen Veränderungen weitgehend unabhängig zu sein, versuchen nicht wenige Kommunen, gegenüber Wettbewerbern „eine Sequenz temporärer Vorteile zu erzielen" (Rall/König 2005,11), um so zu überleben, weil für die Umsetzung langfristiger Strategien keine Zeit mehr bleibt. Meist stehen nicht Kooperations- sondern Konkurrenzstrategien im Vordergrund.

Kommunen verschärfen den Wettbewerb untereinander, gewähren hier Geburtsprämien, verkaufen dort Gewerbegrundstücke zum Dumpingpreis, um kurzfristig Vorteile gegen Nachbargemeinden oder -städte zu erzielen, die sich dann doch nicht als tragfähig erweisen. So entsteht – nicht zuletzt wegen verfehlter Empfehlungen der Bertelsmann Stiftung - bundesweiter Aktionismus, der mit hohem Aufwand und ebensolchem Ressourcenverbrauch verbunden ist.

Das ist weder nachhaltig noch effizient noch effektiv. Der Versuch, durch Konkurrenz und Dumping-Verhalten zu Lasten Dritter Veränderungen zu vermeiden, ist i.d.R. zum Scheitern verurteilt, weil er zu Ressourcenverknappung, Verdrängungseffekten, Frustrationen und nicht selten zu ökonomischen und ökologischen Krisen führt, die von nachfolgenden Generationen zu bewältigen sind. Diese Politik ist nicht zukunftsorientiert. Es handelt sich vielmehr um planloses „Muddling Through", um ein unkoordiniertes Durchwursteln, um einen Wettbewerb nach dem Muster „jeder gegen jeden", den langfristig niemand gewinnen kann.

So gibt es keine Win-win-Situationen, auf Dauer nicht einmal Win-lose-Situationen. Deshalb muss sowohl einem blinden Aktionismus als auch einem reaktiven „Muddling Through" eine Absage erteilt werden. In beiden Fällen sind die Kommunen Getriebene, nicht selbstverantwortlich Handelnde. Das ist nicht im Sinne der kommunalen Selbstverwaltung. Auf lange Sicht führt eine kommunale Konfliktstrategie wegen der hohen Kosten und der Ressourcenverschwendung zu Lose-lose-Situationen, bei denen am Ende keiner der Beteiligten einen Vorteil hat.

Drastisch ausgedrückt: Verschärfte Konkurrenz führt zu interkommunalem Kannibalismus. So verliert die gesamte Region. Das kann nicht im Interesse des Gemeinwesens sein. Nachhaltige strategische Kommunalentwicklung ist deshalb ein Gebot der Vernunft. Sie kann dazu beitragen, neue Handlungsspielräume durch systematisches Veränderungsmanagement zu gewinnen. Dies muss unter Einbeziehung der Bevölkerung geschehen, um die Legitimationsbasis für weitreichende Entscheidungen zu sichern.

Das starre System zentraler Orte ist in der bisherigen Form nicht mehr zeitgemäß. Stattdessen sollen selbst organisierte Netzwerke und Kompetenz-Cluster angestrebt werden. In kooperativen Netzwerken bedarf es keiner dominanten Kernstadt mehr. Subsidiarität und Selbststeuerung der Region durch Aushandlungsprozesse sollen zunächst Vorrang vor Top-down-Entscheidungen haben. Wird eine Einigung nicht erzielt, muss die Landesebene entscheiden.

16 Bildung als Schlüsselfaktor

Bildung ist ein Schlüsselfaktor im demographischen Wandel. Darin sind sich Politik, Wissenschaft und Wirtschaft mittlerweile einig. Eine Google-Suche mit den Suchbegriffen „Bildung – Schlüsselfaktor - demografischer Wandel" liefert über 40.000 Resultate, die vom „Wissenschaftsjahr 2013" der Bundesregierung über die Bertelsmann Stiftung, das Berlin Institut für Bevölkerung und Entwicklung bis hin zu Unternehmen und Institutionen reichen. Normativ wird festgestellt, dass die Globalisierung, die Informationsgesellschaft, die zunehmende Vernetzung sowie die veränderten Anforderungen des Arbeitsmarkts hohe Anforderungen an die Qualität der Fachkräfte stellen, dass aber das deutsche Bildungswesen diesen Anforderungen bisher aus unterschiedlichen Gründen nicht gewachsen sei: Zu viele Schulabbrecher, zu viele fehlgeleitete Schülerinnen und Schüler, zu viele ungenutzte Chance, zu viel Differenzierung, zu wenig Durchlässigkeit im System, zu wenig Förderung – all dies sind Anmerkungen, die im Wust der Informationen ständig genannt werden.

Selektiert und bewertet man die Informationen, stellt man fest, dass Deutschland ein Nachwuchsproblem auf allen Ebenen hat: Das gilt sowohl für den Bereich der Facharbeiter in den Unternehmen als auch für hoch qualifizierte Jobs.

Schon jetzt sei erkennbar, dass in den nächsten Jahren viele Beschäftigte aus den geburtenstarken Jahrgängen in den Ruhestand wechseln, dass aber bei weitem nicht so viele Nachwuchskräfte bereitstünden, um diesen Abgang aufzufangen, heißt es.

Ein weiteres Problem benennt das Bundesministerium für Bildung und Forschung: „In Deutschland wachsen fast vier Millionen Kinder unter 18 Jahren, also mehr als ein

Viertel dieser Altersgruppe, in mindestens einer sozialen, finanziellen oder kulturellen Risikolage auf, die ihre Bildungschancen schmälert." (www.bmbf.de/ de/15775.php) Bildungsarmut ist aber im Sinne einer gerechten Gesellschaft inakzeptabel. Ein solches Ausmaß an problematischen Bildungsvoraussetzungen kann sich ein Land wie Deutschland schon gar nicht leisten. „Die Wirtschaft braucht gut ausgebildete Fachkräfte, die die Motivation und die Fähigkeit zum lebenslangen Lernen mitbringen." (Dorn / Müller 2008, 52).

Da der demographische Wandel „den Wettbewerb um die besten Köpfe" (Dorn / Müller, 52) verschärft, sind gerade jetzt Anstrengungen notwendig, um die Defizite auszugleichen.

Das bedeutet, dass im demographischen Wandel die Kommunen und Regionen, die die besten Bildungsvoraussetzungen bieten, die besseren Zukunftsperspektiven haben.

Das waren auch die Überlegungen für ein Bildungs-Schlüsselprojekt in Illingen.

Entstehen sollte eine „Wissens-City"mit dem Illtal-Gymnasium als Kern. Das Illtal-Gymnasium sollte vom Ortsrand in die City verlagert werden, um so auch die Bedeutung der Wissensinstitution für die Kommune deutlich zu machen. An zentraler Stelle sollte ein Neubau entstehen. Dieser Neubau sollte nach den Vorgaben der EU mit modernster Informationstechnik und Breitbandkommunikation sowie innovativer digitaler Lernsoftware ausgestattet und barrierefrei geplant und realisiert werden.

Die entscheidende Innovation sollte darin bestehen, das Illtal-Gymnasium zu öffnen und multifunktional für weitere Aktivitäten im Sinne des Lebenslangen Lernens ganztägig bis in den Abend zu nutzen. Das bedeutet, dass neben einem schulischen Kernbereich Räume für digitale Mediennutzung sowie Schulungsräume (e-Learning, Blended Learning) für die Allgemeinheit zur Verfügung stehen sollten – auch für Fernstudien und Schulungsaktivitäten der örtlichen Wirtschaft.

Dies sollte durch ein innovatives kommunales Kulturprogramm ergänzt werden. Damit sollte das angedachte Wissens- und Lernzentrum mit seiner digitalen Mediathek, seinen innovativen Einrichtungen und dem kulturellen Umfeld der Illipse zu einem Nukleus für neue Entwicklungen in der Region werden. Dies sollte ergänzt werden durch ein EU-Bürgerportal mit Terminals oder PC-Endgeräten, wo Schüler und Erwachsene Informationen über die Europäische Union abrufen und für ihre Alltagsaktivitäten nutzen konnten. Die Wirtschaft sollte sich auf diesem Weg über elektronische Ausschreibungen informieren können. Die Schule ihrerseits, die bereits UNESCO-Schule, Schule ohne Rassismus und Projektschule ist, könnte verstärkt europäische Kernkompetenzen (Abi-Bac, Sprachenkompetenz) und die Kooperation mit Partnerschulen in Europa nutzen. Damit hätte das Illtal-Gymnasium als eine der ersten Schulen überhaupt zu einer innovativen jungen EU-Kompetenzstelle werden können. Dies wäre auch im Sinne der Lissabon-Strategie gewesen.

Dass ein Neubau des Illtal-Gymnasiums und das Konzept einer Wissens-City auch demographisch von erheblich Bedeutung gewesen wären, weil sie den Ortskern stabilisiert und die Kaufkraft einer integrierten Ortslage signifikant gesteigert hätten, wäre ein ebenso erwünschter Effekt gewesen wie die stärkere Nutzung des 2003/04 generalsanierten und aufgewerteten Bahnverknüpfungspunktes. Ein möglicher Neubau des Illtal-Gymnasiums in der City wurde von den Ideengebern als Signal in einer Zeit des demographischen Wandels angesehen, Bildung einen neuen Stellenwert in der Wissensgesellschaft des 21. Jahrhunderts zu geben sowie Kinder und Schule ins Zentrum lokaler Aktivitäten zu rücken.

Trotz dieser positiven Argumente erwies sich dieses innovative Konzept als undurchführbar. Größtes Hindernis war der Widerstand von Standortgemeinden saarländischer Gymnasien, die bei einer großen Investition von Land und Kreis in einen Illinger City-Neubau um ihre eigenen Gymnasien fürchteten. Zudem wurde kritisch angemerkt, man sei nicht bereit, mit einer interkommunalen Bildungsinvestition dazu beizutragen, lokale Demographieprobleme in Illingen durch interkommunale Beiträge zu lösen. Dies könnte sich negativ auf den eigenen Standort auswirken.

Kirchturmdenken und parteipolitische Egoismen bestimmten die Debatte.

Ein weiteres Handicap war, dass die kreative Idee der Wissens-City dem normalen Publikum kaum zu vermitteln war. Hier zeigen sich auch erhebliche Schwächen des Partizipationsansatzes. Den Bürgern sind der Bordstein und der saubere Bürgersteig näher als die Hochkultur in der Illipse, die Skulptur in der City und die virtuellen Welten eines Medienzentrums im Stadtkern.

Ungeachtet dessen hat Illingen 2030 die Basis für neue Betreuungsangebote im Kleinkindbereich eröffnet und damit die Vereinbarkeit von Familie und Beruf für viele Eltern verbessert. Zu den wichtigen Anliegen eines demographiefesten Reformkonzepts gehört die Verbindung von vorschulischer Erziehung und Grundschulpädagogik. Kern des Reformmodells ist ein pädagogischer Verbund von Kindergarten und Grundschule. Im Interesse der Familien sollen kommunale und freie Bildungs- und Betreuungsangebote aufeinander abgestimmt, die Elternarbeit verstärkt und eine adäquate Kommunikationsstruktur aufgebaut werden. Wünschenswert ist eine weitere Verbreitung des Konzepts der „selbstständigen Schule."

17 Bürger- und Solidargemeinde

Das Thema Solidargemeinschaft war im Bürgerprojekt Illingen 2030 das wichtigste kommunale Diskussionsthema. Zu keinem anderen Politikfeld sind so viele Bürgervorschläge eingegangen.

Die Einbeziehung der Einwohnerschaft in Entscheidungen wurde in den Workshops der Ortsteile ebenso gefordert wie die Überwindung des Ortsteildenkens. Bürgergenossenschaften, Bürgerfonds oder eine Bürgerstiftung wurden ins Gespräch gebracht, um unabhängig von kommunalen Haushaltsmitteln handlungsfähig zu sein und helfen zu können, wo dies (auch kurzfristig) notwendig ist. Auch Solidargemeinschaften wie Wustock (jährliches Benefizfestival, das von der Dorfgemeinschaft organisiert und veranstaltet wird), freiwillige Bürgerhilfen, Bündnisse für Familien und Traditionspflege haben einen hohen Stellenwert bei den Einwohnern, die diese Dienste gern ausbauen wollen. Außerdem sollen durch diese gemeinschaftlichen Aktivitäten die Identität der Orte verbessert, der Zusammenhalt der Bürgerschaft gestärkt und die Selbstorganisation unabhängig von politischen Repräsentationsorganen forciert werden.

Hintergrund war die Überlegung, dass in einer alternden Gesellschaft die wachsende Hilfebedürftigkeit innerhalb der Bevölkerung aus finanziellen Gründen bei weitem nicht nur professionell erfüllt werden kann. Außerdem ist anzuerkennen, dass ältere Menschen möglichst lange in ihrer vertrauten Umgebung leben wollen.

Allerdings dürfen Themen wie Solidargemeinschaft und Bürgergemeinde nicht top-down verordnet werden. Dann fehlt es unter Umständen an der notwendigen Akzeptanz der Bürgerschaft und der Vereine. Wo gute familiäre und nachbarschaftliche Netzwerke existieren – insbesondere in kleineren Orten – kommt es auf Stabilisierung dieser Strukturen an.

Eine Kultur der Anerkennung trägt zur Stärkung solcher freiwilligen Netzwerkstrukturen bei.

18 Leerstände und Neubaugebiete

Zu den zentralen Themen des Projekts Illingen 2030 zählte der Umgang mit Haus- und Wohnungsleerständen. Aus der Erkenntnis, dass nicht Wachstum das Prinzip der Zukunft ist, sondern qualitative Entwicklung, wurde das Motto „Mehr Dorf für weniger Menschen“ eingeführt.

Zur Reduktion von Leerständen wurden mehrere Vorschläge gemacht:

- Förderung von innovativen Wohnkooperationsformen (Ältere überlassen jüngeren Familien einen Teil ihres zu groß gewordenen Hauses im Tausch gegen Hausarbeiten und Hilfeleistungen)
- Aktivierung der Quartiers-Einwohner (z.B. Rassweiler)
- Förderung von Abrissmaßnahmen bei ortsbildprägenden Gebäuden
- Von der Bau-Ruine zur Gemeinschaftsfläche (Projekt Rassweiler)
- Baulandbörse, Leerstandsbörse, Aktives Leerstandsmanagement
- Umfassende Information von Hausbesitzern über die Wertentwicklung im demographischen Wandel
- Kooperation mit Banken, die wegen der Bewertung von Hypotheken ein Interesse an innovativen Konzepten zur Wohngebäude-Aufwertung haben müssten

- Bauherrenberatung für innovative Wohnkonzepte im demographischen Wandel

Ziel der Maßnahmen war und ist es, die Attraktivität und die Aufenthaltsqualität in Quartieren mit auffälligen Leerständen zu verbessern und Verwahrlosungstendenzen von vornherein zu vermeiden. Architekten sollten verstärkt sensibilisiert werden für die Bedeutung von Sanierung und Umbau alter Bausubstanz. Mit einem Programm „Alte Häuser für Familien“ sollen Anreize zum Kauf leer stehender Häuser geschaffen werden. Intensiv diskutiert wurde die Haltung des Bürgermeisters, keine Neubaugebiete am Ortsrand mehr zuzulassen, obwohl dies auf den ersten Blick im interkommunalen Wettbewerb für Nachteile sorgen könnte.

Andererseits waren die Bürger für Argumente zu den volkswirtschaftlichen Kosten von Neubaugebieten offen. Ihrem Petitum, dass nach wie vor Neubauten möglich sein sollten, wird künftig dadurch Rechnung getragen, dass verstärkt Baulücken und bisher nicht verdichtete Innenlagen auf neue Baugrundstücke hin untersucht werden sollten. Außerdem sollten die Besitzer von potenziellem Bauland in Baulücken sensibilisiert werden, ihre Grundstücke bei fehlendem Eigenbedarf auf den Markt zu bringen und damit zusätzlich zur Verdichtung im Innenbereich beizutragen. Diese Sensibilisierung ist gelungen, die Umsetzung nur teilweise.

Die Zahl der vermarkteten Baulücken ist im Steigen begriffen. Illingen hat die Erfahrungen aus MELANIE in REFINA-Projekte eingebracht. Die Gemeinde sieht auf diesem Feld beträchtliches Innovationspotenzial. Das gilt insbesondere für den Ansatz, den Verzicht auf bereits ausgewiesene Versiegelungen (Gewerbegebiete, Wohngebiete) merkantil auszugleichen.

Die Gemeinde Illingen hat im Saarland eine Vorreiterrolle bei Modellvorhaben zur Eindämmung des Landschaftsverbrauchs gespielt. Anders als in anderen Kommunen waren die Gemeindeorgane in Illingen bereit, auf eine Außenentwicklung in Randlagen zu verzichten und stattdessen nach Wegen zur innerörtlichen Entwicklung zu suchen. Die Illinger wollen keine „Landschaftsfresser“ mehr sein. So kam man zur Auffassung, dass Landschaft, Biodiversität und kulturelle Vielfalt gepflegt und bewahrt werden sollen. Heute muss dies auf die Kulturlandschaft und die Siedlungskerne erweitert werden.

In Illingen sind mit den MELANIE-Projekten erstmals im Saarland Wohnungsleerstände systematisch erfasst und gemanagt worden. Bis zu diesem Zeitpunkt war das Problem politisch, administrativ und medial praktisch nicht existent. Zwar wurde in der Presse über Leerstände von Geschäften berichtet, nicht aber über leer stehende Eigenheime. Die Ergebnisse der ersten MELANIE-Studie belegten, dass die Folgen des demographischen Wandels schneller eintreten als bisher angenommen. Selbst in Unterzentren, die auf den ersten Blick intakt erscheinen, treten vermehrt Leerstände von Ein- und Zweifamilienhäusern auf.

Dabei handelt es sich gerade nicht um Problemquartiere städtischer Art mit Migrationsauffälligkeiten, sondern um bürgerliche Wohngebiete der 50er und 60er Jahre des 20. Jahrhunderts mit konservativ-liberaler Bevölkerungsstruktur, denen allmählich die Menschen abhandenkommen. Wenn die Wohnungsbesitzer sterben, folgen nicht mehr automatisch Erben nach. Die Kinder sind an die Ortsränder in schickere Neubaugebiete gezogen, die ihrerseits zu den Problemzonen der Zukunft gehören werden, denn in diesen reinen Wohnsiedlungen gibt es weder Einkaufs- noch Freizeitmöglichkeiten.

Auch dort lässt MELANIE erste Erosionserscheinungen erkennen: Die Zunahme von Ehescheidungen und der Verlust von Arbeitsplätzen im Mittelstand haben dazu geführt, dass vermehrt Eigenheime versteigert werden. Da in den Boomjahren großvolumig, großflächig und großzügig gebaut wurde, nicht selten mit luftig-ausladenden Eingangsbereichen und offenen Galerien, die Heizenergie kosten, ist die Vermarktung schwieriger geworden. Zudem klaffen zwischen den Preisvorstellungen der Eigentümer und der Banken einerseits und der potenziellen Käufer andererseits oft erhebliche Lücken.

Zur Methodik des Leerstandsmanagements gehören:

- Erfassung der Leerstände
- Vor-Ort-Beurteilung der Leerstände
- Photographische Dokumentation der Leerstände
- Statistische Auswertung
- Untersuchung der Eigentumsverhältnisse mit Hilfe der Einwohnermeldedaten
- Prüfung mit dem Liegenschaftsprogramm ZORA
- Ermittlung der Eigentümer
- Anschreiben der Eigentümer

- persönliche Kontaktaufnahme mit Eigentümern
- Situationsanalyse und Beratung

Das Leerstandskataster der Gemeinde Illingen belegt, dass auf dem Immobilienmarkt nach wie vor eine hohe Fluktuation herrscht. Verkaufserfolge sind abhängig von der Preisbildung. Vor allem im mittleren und gehobenen Preissegment müssen Preisabschläge hingenommen werden. Sind die Eigentümer dazu bereit, haben sie auch Verkaufschancen, sofern die Häuser qualitative Mindestanforderungen erfüllen. Gesucht sind auch alte Häuser im Billigsegment, die von zumeist jungen Käufern umgebaut werden. Hier wird sich das Wohnungs- und Hausangebot in den nächsten Jahren wegen der demographischen Entwicklung auf ein Überangebot hinbewegen. Das lässt eine Tendenz zu deutlich sinkenden Preisen bei Altimmobilien erwarten. Eine der Aufgaben des Projekts Illingen 2030 war es, die Bevölkerung über diese Trends zu informieren und damit zu einer realistischeren Preisbildung beizutragen. Die angesprochenen Banken zeigten sich z.T. überrascht von den aktuellen Daten des demographischen Wandels, da dies zu Neubewertungen der über Hypotheken besicherten Immobilien (Abwertungstendenz) führen kann. Von Maklern außerhalb des Untersuchungsgebiets, die im Auftrag von Erbengemeinschaften tätig sind, werden in der Regel zu hohe Preise angesetzt, die sich an großstädtischen Entwicklungen orientieren. Das erschwert aber die Problemlösung. Makler sind nach Einschätzung der Gemeinde Illingen selbst Teil des Problems.

19 Platz da! Das Abrissprogramm

Nicht immer sind leer stehende alte Gebäude vermarktbar. Immer häufiger taucht wegen der maroden Bausubstanz das Problem eines negativen Grundstückswerts auf. Da es keine Anreize für die Eigentümer und keine Sanktionen gibt, trägt dies nicht zu Vermarktungsaktivitäten bei. Die Gemeinde Illingen hat deshalb in Kooperation mit der Landesregierung mit dem fünften MELANIE-Programms das erste kommunale Abrissprogramm im Saarland gestartet. Nach den Förderrichtlinien des Gemeinderates soll das Programm „den Abriss langjähriger Leerstände fördern, bei denen sonstige Maßnahmen zur Wiedernutzbarmachung ausgeschöpft sind und die nicht mit sonstigen Fördermitteln abgerissen werden können". Ziel ist es, durch Abriss von Leerständen gravierende Probleme in einem Straßenzug zu lösen und damit die Wohnqualität im Viertel insgesamt spürbar zu verbessern.

Förderfähig ist der Abriss ältere Häuser, die seit mindestens 5 Jahren ab dem Zeitpunkt der Antragstellung leer stehen. Die Förderung wird als einmaliger, unverzinslicher und zweckgebundener Zuschuss ausgezahlt. Eine 100%ige Förderung ist möglich. Der Zuschuss beträgt 3.000 Euro je Objekt. Bei besonders exponierten Gebäuden können bis zu 10.000 Euro Zuschuss gezahlt werden. In diesem Fall verpflichtet sich der Eigentümer, einen Grundbucheintrag auf eigene Kosten eintragen zu lassen. Über die Anträge entscheidet der Rat. Mit „Platz da!" hat die Gemeinde Illingen einen provokativen Slogan für abzureißende Häuser gewählt, der zu Diskussionen anregte. Die ersten abzureißenden Häuser wurden ebenso provokativ mit einem Transparent versehen, auf dem der andere „Ich bin als nächstes dran!“ zu lesen war. Wegen der Radikalität der Slogans gab es auch Kritik. Aber der gewünschte Effekt, hohe Aufmerksamkeit zu erzielen, wurde erreicht.

20 Revitalisierung im Quartier

Erfolg versprechend ist die Revitalisierung von Altquartieren, wenn es gelingt, die Einwohnerinnen und Einwohner zu motivieren und zu mobilisieren.

Dass das Modell funktioniert, hat die Gemeinde in einem alten Wohnquartier in einem der sechs Ortsteile in einem Bürgerprojekt getestet. Dabei ging es um die Revitalisierung einer geschwächten Straße, in der zwei ehemalige große Gaststätten, die einst kulturelle und soziale Treffpunkte waren, eine ehemalige Metzgerei und ein Wohnhaus leer standen. Außerdem zeigte die relativ alte Siedlung eine große Anzahl potenzieller Leerstände, da in mehreren Häusern alle Bewohner älter als 70 Jahre sind.

Die Straße, die einst zum Dorfkern des Altortes Raßweiler gehörte, ist innerhalb von zwei Jahrzehnten funktionslos geworden: Die letzten Einzelhandelsgeschäfte haben geschlossen, die Gaststätten waren oder sind nur noch Ruinen. Damit kulminierten auf einer Strecke von 400 Metern städtebauliche Probleme. Es gelang innerhalb von eineınhalb Jahren, in einem parteiübergreifenden Aktivierungsprozess ein neues Gemeinschaftsgefühl der Bewohner zu schaffen, den sozialen Zusammenhalt zu stärken, Sozialkapital zu akquirieren und neue Ideen nach Abriss mehrerer Problemhäuser zu entwickeln. Drei der vier Leerstände sind beseitigt, die Anlieger haben Flächen erworben, um selbst Platz um ihr Haus zu haben und damit ihre Wohnqualität zu steigern. Die Fläche der ehemaligen Metzgerei ist in einem Bürgerprojekt zum Kommunikationsplatz umgestaltet worden.

21 Interkommunale Kooperation

Die interkommunale Kooperation gilt als wichtiges Instrument, um Folgen des demographischen Wandels abzufedern, Kosten zu sparen und positive Netzeffekte zu generieren. Deshalb haben die externen Berater im Projekt Illingen 2030 empfohlen, neue Kooperations-Arrangements im Nahbereich um Illingen zu erproben. In einem Modellprojekt in Kooperation mit dem saarländischen Innenministerium untersuchten die Gemeinden Illingen, Merchweiler, Schiffweiler und Tholey die Themenfelder Informations- und Kommunikationstechnik (IuK), Forderungsmanagement, aktives vernetztes Gebäudemanagement und öffentliche Sicherheit und Ordnung.

Die größten Effekte lassen sich beim aktiven kommunalen Gebäudemanagement erzielen. Die wenigsten kommunalen Gebäude sind trotz der Konjunkturprogramme des

Bundes energetisch optimiert. In den vier Kommunen werden 181 Gebäude kommunal bewirtschaftet. Die Verwaltung erfolgte in der Vergangenheit vorwiegend mit selbstprogrammierten Excel-Tabellen. Spezielle vergleichende Auswertungen von Verbräuchen und Kosten wurden kaum durchgeführt, die potenzielle Fehlerquote war hoch, der Effekt gering. Nach Einführung der Doppik hat sich die Situation insofern gebessert, als umfassende Bestandsaufnahmen und Bewertungen vorgenommen wurden. Derzeit ist das Verhalten in den Kommunen aber mehr reaktiv als proaktiv.

Mittlerweile werden nicht nur im Bereich der freiwilligen Leistungen, sondern auch bei klassischen Verwaltungsdienstleistungen Kooperationen praktiziert: beim Forderungsmanagement, bei der Verkehrsüberwachung und der öffentlichen Ordnung. Auch die Lohnabrechnung wird mittlerweile in zahlreichen Kommunen interkommunal organisiert. Dies ist ein Fortschritt.

Auch die Informations- und Kommunikationstechnik (IuK; früher: EDV) gilt als gut geeignet für interkommunale Kooperation. Da der IuK-Bereich in jeder Verwaltung einer der wichtigsten internen Dienstleister mit Querschnittsfunktion ist, haben die beteiligten Projektkommunen die Tauglichkeit der IuK für Beschaffung, Software und Personaleinsatz sondiert. Nur eine der vier Kommunen beschäftigt einen Informatiker, die Lage erscheint insgesamt sehr heterogen: Unterschiedliche Anwendungssoftware in nahezu allen Verwaltungsbereichen, unterschiedliche Aktualität der Betriebssysteme, unterschiedlicher Servereinsatz, unterschiedliche Leistungsfähigkeit der Hardware (Server und Arbeitsplatzgeräte) und ein unterschiedlicher Umgang mit Zugangsrechten und Sicherheitsfragen prägen die Situation. Eine Harmonisierung würde ein neues Prozessmanagement und ein Reengineering der Informations- und Kommunikationsnetzwerke erfordern. Diese Aufgabe wollen die IuK-Verantwortlichen derzeit nicht übernehmen, möglicherweise können sie es auch nicht. Hier herrscht Nachholbedarf.

Ein Feld, in dem bisher eher Konkurrenz als Kooperation gepflegt wurde, ist die Wirtschaftsförderung. Die Erfolge neuer Kooperationen sind allerdings bisher sehr bescheiden. Insbesondere die Ausweisung eines gemeinsamen Gewerbegebiets zweier Kommunen (Illingen, Eppelborn) erwies sich als Flop.

Die beteiligten Verwaltungen und Räte lernten, dass PPP-Modelle mit externer Projektsteuerung nicht unbedingt effizienter und innovativer sein müssen als kommunale Projekte. Interkommunale Kooperationen müssen straff organisiert und im Rahmen bewährter Formen der kommunalen Gemeinschaftsarbeit (GmbH, Zweckverband) institutionalisiert werden. Um Kommunikationsdefizite gar nicht erst entstehen zu lassen, müssen die Gemeinderäte einbezogen werden. Auch eine Beteiligung der lokalen Wirtschaft und der organisierten Wirtschaftsförderung in der Region empfiehlt sich. Dass die interkommunale Kooperation nicht (wie bei Förderprogrammen des ländlichen Raums) vom Saarland bevorzugt behandelt und finanziell privilegiert wurde, sorgte für Irritationen. Um interkommunale Kooperationen in Zeiten der Globalisierung und des demographischen Wandels zu fördern, sollten öffentlichen Finanzierunganreize geschaffen werden, mit denen die Bereitschaft zur Zusammenarbeit deutlich gestärkt wird. Die Landesebene sollte entsprechende Steuerungsmöglichkeiten nutzen.

22 Regionalmanagement

Ziel führende Ansätze ergeben sich bei einem abgestimmten Regionalmanagement mehrerer Kommunen in den Bereichen Tourismus, Marketing und Umwelt.

Allerdings war dieser Ansatz im Modellgebiet Illingen 2030 ebenfalls nur bedingt erfolgreich, weil die damalige Jamaika-Landesregierung bereits zugesagte Mittel wieder strich. Der zuständige FDP-Minister lenkte die Gelder von der Regionalförderung in die Landwirtschaft und machte so Klientelpolitik. Vor allem die Bürgerprojekte wurden auf diese Weise zerschossen. Das hat zu einem hohen Ausmaß an Frustrationen geführt.

Wettgemacht wurde dies durch einen interkommunalen Wettbewerbserfolg beim Bundeswettbewerb „Chance.Natur“. Die Landschaft der Industriekultur Nord erhielt den Zuschlag (und damit Fördermittel in Millionenhöhe) für ein gesamtstaatlich repräsentatives Naturschutzprojekt.

Allerdings wurde auch der Start dieses Projekts durch hohe bürokratische Hürden erschwert.

23 Sprengt alte bürokratische Ketten!

Zu den größten Hindernissen im demographischen Wandel gehören bürokratische Blockaden, administrative Verkrustungen und fehlende Flexibilität von Verantwortlichen in Ministerien. Man scheut Experimente und Innovationen aus Furcht vor Prüfmitteilungen des Rechnungshofs oder aus Angst vor Kontrollverlust.

Demographischer Wandel verlangt aber zwingend die Bereitschaft, alte bürokratische Ketten zu sprengen und neue Netzwerke aufzubauen, neues Denken zuzulassen und dabei auch Fehlschläge von Modellversuchen zu riskieren.

24 Kultur und Identität

In Zeiten des Wandels haben Kultur und Identität eine besondere Funktion. Sie können dazu beitragen, den Zusammenhalt in Zeiten der Bedrohung zu stärken. Mit Kultur wird der Handlungsrahmen gezogen, in dem Menschen ihr persönliches Glück suchen. Gleichzeitig liefert Kultur Chiffren, Symbole, Werte, Bilder, Geschichte und Geschichten für die Identität des Einzelnen und Identifikationsräume für menschliche Gemeinschaften. Je mehr Globalisierung und Internationalisierung voranschreiten, umso wichtiger werden kultureller Rahmen und historische Wurzeln.

„Die Kultur macht mit Sprache, Bildern und Begriffen, mit sozialen Standards des Erlebens und Verhaltens die Welt begreifbar und damit aufeinander bezogenes Sozialverhalten erst möglich. Es geht um vor allem um Lebenssinn, um das, was fast alle für gerecht und richtig, was man für böse oder hässlich hält. Derlei Muster geben uns einen Deutungs- und Handlungsrahmen vor, den wir mit unserem persönlichen Lebensentwurf lediglich ausfüllen." (Di Fabio 2005,2).

Deshalb können Kultur und Identität stiftende Symbole zu einem Katalysator für neue Ideen und Entwicklungen werden, wenn sie richtig genutzt werden.

Eine starke kulturelle Identität kann aber auch zu Blockaden führen, wenn die Orientierung an vergangene Zeiten zu stark ist. Es ist deshalb wichtig, Tradition und Innovation gleichermaßen zu fördern.

Kultur ist damit eine „Schlüsselressource" (Mintzberg 1999: 315) Sie ist Schutz und Gefahr, denn selbstverständlich wird die eine Gemeinde eine Region, eine Organisation durch starke kulturelle Prägung auch verwundbar (Mintzberg 1999).

25 Partizipation hat Grenzen

Partizipation ist kein Erfolgsgarant. Wo Konflikte zu erwarten sind, können Beteiligungsprozesse auch scheitern. Dazu liegen inzwischen empirische Daten zu konfliktgeladenen Infrastrukturprojekten vor. Das ist nicht die einzige Hürde.

Die Grenzen partizipativer Planung und lokaler Governance-Arrangements wurden auch im Projekt Illingen 2030 mehrfach aufgezeigt. Das gilt beispielsweise für die Innovationsfähigkeit. In Zeiten fundamentaler Veränderungen sind Innovationen und Kreativität notwendig, möglicherweise sogar existenziell. Kreativität ist aber nicht durch Mehrheitsbeschluss durchzusetzen, Innovationen entstehen nicht in Gruppen-Brainstorming-Sitzungen. Gruppen-Brainstorming ist nach Erkenntnis empirischer Studien eher ein Innovationsblockierer als ein Innovationsmotor.

Deshalb wird es auch weiterhin notwendig sein, dass Kreative und Strategen mit ihrem Wissen und ihrer Fähigkeit zu professionellem Arbeiten Leitimpulse für die strategische Entwicklung einer Kommune geben. Sie tragen Verantwortung dafür, der Bürgerschaft diese Leitimpulse und Innovationen näherzubringen, um die Zukunft des Gemeinwesens zu sichern. Zuspitzung und Profilierung im Diskurs können und sollen dazu führen, die bestmögliche Lösung zu finden, auch wenn gerade dieser Meinungskampf vielen Bürgern missfällt. Was in Parlamenten und Gemeinderäten selbstverständlich ist, gilt an Runden Tischen und in Zukunftsforen als störend. Die Nachteile sind nicht zu verkennen. Governance-Arrangements neigen durch ihre konsensual angelegte Grundstruktur zur Konflikvermeidung – und damit zu bequemen Mainstream-Lösungen („allen wohl und niemand weh“).

Deshalb sollten müssen die Schwächen partizipativer Prozesse offen diskutiert werden. Wer daran teilnimmt, hat Interesse am Thema und meist auch eigene Interessen. Workshops funktionieren i.d.R nach moderierten Partizipationstechniken wie der Metaplantechnik. Was vorgeschlagen wird und ins Konzept passt, wird notiert, dokumentiert und schließlich ergebnisorientiert zusammengefasst. Dass aus dieser Konstellation ein Wunschkatalog entstehen kann, lässt sich kaum vermeiden. Daraus entstehen Projektvorschläge, über die ein legitimiertes Gremium wie der Gemeinderat zu entscheiden hat. Ihm ist es aus finanziellen und strategischen Gründen kaum möglich, den Wunschkatalog zu übernehmen, das führt zu Frustrationen und Legitimationsproblemen.

Das schwierigste Thema ist die Konsolidierung der Haushalte. Partizipativ ist sie kaum zu erreichen. Die Finanzentwicklung der Kommunen im Saarland ist dramatisch, scharfe Sanierungsauflagen sind in den nächsten Jahren zu erwarten. Die Beispiele der Grundschulschließungen im Saarland aus finanziellen Gründen und des Sportmasterplans Essen mit beabsichtigten Sportstättenschließungen zeigen, dass Haushaltssanierung konfliktgeneigt ist und erhebliche Wiederwahlrisiken birgt. Verhandlungen über Konsolidierung, Rückbau oder ähnlich einschneidende Maßnahmen erfordern, dass in einem System der Gegenseitigkeit Win-win-Situationen bei der Verteilung und Nutzung knapper Güter geschaffen werden, bei der kein beteiligter Partner über Gebühr benachteiligt und kein Partner über Gebühr bevorteilt wird. Nachteile müssen im Rahmen gemeinwohlorientierter Arrangements ausgeglichen werden.

26 Was uns Mut macht

Lokale Zukunftsprojekte unter Einbeziehung der Zivilgesellschaft sind ein Erfolg versprechender Weg, kommunale Probleme im demographischen Wandel gemeinsam zu lösen. Partizipation bezieht die Fähigkeiten der Bürger ein, nutzt ihre Kompetenzen und fördert soziales Engagement und die Identität der Einwohner. Wo strukturelle Umbrüche zu bewältigen sind, ist es entscheidend, Zukunftsperspektiven zu vermitteln, dem eigenen Tun Sinn zu geben, das Zusammengehörigkeitsgefühl auch in Krisensituationen zu stärken und gemeinsam neue Wege zu erkunden. Das funktioniert nur, wenn Partizipanten und Mitarbeiter sensibilisiert sind für die Probleme, wenn sie motiviert sind, sich in den Changeprozess einzubringen. Dabei müssen auch Widerstände überwunden und Konflikte ausgehalten werden.

In Illingen funktioniert dies auch nach acht Jahren noch. Auch 2014 lassen sich Bürgerinnen und Bürger in hohem Ausmaß wieder motivieren, die Geschicke ihres Ortes, ihrer Gemeinde selbst in die Hand zu nehmen und Ideen zu entwickeln.

Die „vor ort ideenwerkstatt“ ® von „noncorm architecten“ in Illingen im Dezember 2013 war ein geradezu sensationeller Erfolg, obwohl ein Projekt zur Debatte stand, bei dem in zwölf Jahren ständigen Frustrationen zu verzeichnen waren: Die Revitalisierung der zentralen Industriebrache „Höllgelände“. Aber noch immer antworten die Bürgerinnen und Bürger trotz aller Rückschläge auf die Frage „Wem gehört die Stadt?“ wie selbstverständlich „uns gehört die Stadt.“

In der dreitägigen Zukunftswerkstatt brachten die Illinger über 1.300 Ideen ein. Das war rekordverdächtig. Letztlich führte dieses hohe Ausmaß an Kreativität zu einem beeindruckenden Planungserfolg.

Was Mut macht, ist die Tatsache, dass die Bürgerschaft nicht nur im Zentralort Illingen, sondern auch in den Ortschaften lebendig und aktiv ist. Trotz aller Probleme nimmt sie ihr Schicksal selbst in die Hand. Die Jugendlichen haben ihr eigenes Juz geplant und ausgestaltet, die Bürger von Hüttigweiler eine abgebrannte Schutzhütte wieder aufgebaut, in Uchtelfangen wollen die Einwohner altes Brauchtum wiederbeleben, in Hirzweiler werden die Einheimischen eine Dorfzeitung redigieren. Nichts ist unmöglich, wenn man Mut und Ideen hat und wenn einem der eigene Ort, das eigene Quartier am Herzen liegt, allen Finanzproblemen zum Trotz.

Was ebenfalls Mut macht, ist die Bereitschaft der Freiwilligen Feuerwehr und der Sportvereine, in Eigenverantwortung Konsequenzen zu ziehen und sich fit zu machen für die Zukunft. So haben zwei Löschbezirke freiwillig fusioniert, um auch am Tag stets einsatzfähig zu sein. Im Gegenzug erwarten sie von der Kommune den Bau einer angemessen Feuerwehr-Station, die sich bei Bedarf um einen weiteren Löschbezirk erweitern lässt.

Die Fußballvereine haben ihre Jugendabteilungen zusammengelegt, um die Talentförderung zu optimieren. Es waren bottom-up-Prozesse mit beachtlicher öffentlicher Wirkung. Das Thema Demographie ist in Illingen gesetzt.

Man braucht starke Gründe, um Menschen zu mobilisieren, bisherige Pfade, Nischen, Refugien und Nester zu verlassen und sich „ins Offene“ zu begeben. Aber es gibt dazu keine Alternative.

Vom Check zur Tat

Strategie statt Durchwurstelei, Mut statt Furcht

Die Erfahrungen aus dem Impulsprojekt Illingen 2030 zeigen, dass es keine allgemein gültigen Rezepte gibt. Jeder muss die eigenen Zutaten finden, um einen erfolgreichen Prozess zu managen.

Grundvoraussetzung ist es, der Realität ins Auge zu schauen. Der demographische Wandel ist mitten in der Gesellschaft angekommen. Er führt zu negativen Effekten, die unerwünschte Folgen für die Zukunftsentwicklung haben. Um angemessen reagieren zu können, ist ein objektiver, mutiger Demographiecheck notwendig. Darauf kann nicht verzichtet werden. Dies ist mit hohem Aufwand und viel Arbeit verbunden.

Wer die Zukunft im demographischen Wandel gewinnen will, braucht eine umfassende Datenbasis. Er (oder sie) muss die Verwaltung, die Politik, die Bevölkerung, die Wirtschaft, die Vereine und Institutionen sensibilisieren und dafür gewinnen, Schrumpfung zu akzeptieren, nicht abzuwarten, sondern zu handeln und die Infrastruktur zu optimieren.

Kommunen, die vom demographischen Wandel betroffen sind, tun gut daran, nicht mit Macht Gegenstrategien zu entwickeln, um mit hohem Ressourceneinsatz einen gesellschaftlichen Trend umkehren zu wollen, der sich lokal nicht umdrehen lässt. Stattdessen sollten sie sich neu positionieren und mit Schwerpunkten profilieren. Es muss nicht mehr jeder alles selbst machen. Arbeitsteilung, Vernetzung und Kooperationen über Institutionengrenzen hinaus liegen im Trend, müssen allerdings offensiv gesteuert werden.

Generationenpolitik ist eine relativ neue Aufgabe, die lokal bisher kaum ganzheitlich stattfindet. Zu einer modernen Generationenpolitik gehören die Schwerpunkte Bildung, Kinderbetreuung, Erziehung, Schule, Barrierefreiheit, Seniorenpolitik, Pflege und Gesundheit, Vereinbarkeit von Beruf und Familie, gesellschaftliche Dialoge sowie öffentliche Familienleistungen und generationenübergreifende Freiwilligendienste. Wichtige Ziele einer lokalen Generationenpolitik sind Gerechtigkeit, Verantwortung, Verlässlichkeit und Nachhaltigkeit.

Jugendinteressen müssen in einer alternden Gesellschaft besonders geschützt werden, um zu verhindern, dass wir zu „Zukunftsdieben“ werden, die der jüngeren Generation die Lebensgrundlagen rauben. Jugendliche brauchen keine Reservate, sondern Entfaltungsräume, in denen sie auch einmal laut werden dürfen.

Wichtig ist aber auch eine spezifische Seniorenpolitik, die dafür sorgt, dass alte Menschen nicht unter die Räder kommen. Deshalb muss auch die lokale Verkehrspolitik angepasst werden.

Bildung ist ein Schlüsselfaktor im demographischen Wandel. Schulen sollten mehr Eigenverantwortung erhalten, Gemeinden und Kreise mehr Handlungsspielräume in finanzieller, personeller und organisatorischer Hinsicht nutzen, um die Qualität des Unterrichts und der Versorgung verbessern zu können. Das Konzept der „selbstständigen Schule" hat viel Charme und Potenzial. Die Idee, Schulen zu öffnen und multifunktional für weitere Aktivitäten im Sinne des Lebenslangen Lernens ganztägig bis in den Abend zu nutzen, liegt nahe, wird aber bisher kaum genutzt. Angeregt wird, Wissenszentren zu schaffen. Dies wird bereits modellhaft erprobt. Um die Ortsnähe zu erhalten, sollen innovative pädagogische und didaktische Formen genutzt werden.

Zu den wichtigen Anliegen eines demographiefesten Reformkonzepts gehört die Verbindung von vorschulischer Erziehung und Grundschulpädagogik. Kern des Reformmodells ist ein pädagogischer Verbund von Kindergarten und Grundschule. Im Interesse der Familien sollen kommunale und freie Bildungs- und Betreuungsangebote aufeinander abgestimmt, die Elternarbeit verstärkt und eine adäquate Kommunikationsstruktur aufgebaut werden.

Auch die Bürger- und Solidargemeinde verspricht Potenzial. Wo Freiwilligenengagement funktioniert, wird Sozialkapital in erheblichem Umfang generiert. Das ist der Kitt der Gesellschaft in turbulenten Zeiten des Umbruchs.

Eine offenkundige Erscheinung des demographischen Wandels sind leer stehende Wohnungen, Häuser, Siedlungen. Anders als in Ostdeutschland mit seinen Plattenbauten treten die Leerstände in den alten Bundesländern über die gesamte Stadt- oder Gemeindefläche auf, wo sie sich windpockenartig verteilen. Betroffen sind auch Neubaugebiete der 1970er Jahre. Leerstandsmanagement ist das am schnellsten wirksame Steuerungsinstrument im demographischen Wandel und zeigt sichtbare Erfolge im Stadtbild. Möglich ist dies durch Aktivierung und Mithilfe der Bürger und der Professionalität der Verwaltung und der Experten. Umnutzungen öffentlicher Gebäude werden in den nächsten Jahren in der kommunalen Politik eine wachsende Rolle spielen. Demographie ist auch im Westen Deutschlands in Teilbereichen Abrisspolitik. Diese muss durch Förderinstrumente des Bundes und der Länder unterstützt werden, wenn die Probleme der Zukunft gelöst werden sollen.

Demographischer Wandel muss zu einem Paradigmenwechsel in der Flächenpolitik führen. Im Interesse einer nachhaltig wirksamen, generationengerechten Politik ist ein weiterer Flächenverbrauch insbesondere durch Neubaugebiete im Außenbereich der Kommunen nicht zu verantworten. Er ist weder sachlich geboten noch ökonomisch und ökologisch vertretbar. Flächenschutz soll gesetzlich verankert werden. Eine Begrenzung von Neubaugebieten über die Landesplanung erscheint deshalb als zwingend. Im Wohnungsbau sind Angebote notwendig, die stärker als bisher auf die Bedürfnisse einer alternden Bevölkerung und einer stärkeren Singularisierung eingehen. Dazu zählen betreutes Wohnen mit Dienstleistungsangeboten, das den Bewohnern die Möglichkeit gibt, möglichst lange selbständig zu leben, Mehrgenerationenhäuser und barrierefreie Wohnungen und Wohnumfeldbereiche.

Partizipative Entwicklungsplanung ist möglich und Erfolg versprechend. Offenheit und Transparenz sind wesentlich. Wenn Politik und Verwaltung mutig sind, sind auch die Bürger mutig. Dazu brauchen sie gute Promotoren und Moderatoren, die unkonventionelle Ideen nicht nur zulassen, sondern aktiv fördern. Partizipation verlangt konkrete Projekte aus dem Lebensumfeld der Bürger. Quartiersarbeit verspricht dabei die höchsten Beteiligungserfolge, Bildungs- und Betreuungsprojekte sowie Sozialaktivitäten bieten sich besonders an. Bürgerideen müssen zeitnah in die Tat umgesetzt werden.

Der Erfolg in solchen Projekten hängt immer von Personen ab, die ganzheitlich denken und motivieren. Sie müssen bereit und in der Lage sein, auch Rückschläge wegzustecken und immer wieder aufzustehen. Resilienz und Geduld sind nicht zu unterschätzende Erfolgsfaktoren.

Trotz vieler kleiner Erfolge wird es immer wieder vorkommen, dass Politiker oder Interessengruppen versuchen, so zu agieren, als habe es die Demographie nie gegeben. Das sind verständliche Reflexe, die aber auch Dauer nicht Erfolg versprechend sind. Mehr denn je kommt es darauf an, alte Seilschaften zu kappen und alte bürokratische Ketten zu sprengen.

Wir erleben das Ende der Welt, wie wir sie kannten. Wer nicht mit der Zeit geht, geht mit der Zeit. Deshalb führt an neuen Konzepten und mutigen Weichenstellungen kein Weg vorbei.

Die Zukunft gehört denen, die Mut haben. Die Zukunft gehört denen, die Kommunen neu positionieren. Die Zukunft gehört denen, die sich nicht scheuen, Ballast abzuwerfen und dafür neue Techniken, neue Netzwerke, neue Kommunikationswege zu erproben. Es lohnt sich.

Fachkräftemangel im demographischen Wandel

Das Problem muss Deutschland plötzlich und unerwartet getroffen haben. Fachkräftemangel im demographischen Wandel – die Unternehme sind von heute auf morgen mit diesem Phänomen konfrontiert worden, haben das Problem nicht kommen sehen. Der demographische Wandel muss über das Land gekommen sein wie eine biblische Plage. Keine Signale, keine Artikel, keine Sensibilisierung in den Medien. Birg hat niemand zur Kenntnis genommen, Schirrmachers Methusalem-Komplott hat man nur als Schlagzeile goutiert. Und nun taucht doch dieser demographische Wandel wirklich und wahrhaftig als Personalproblem in Firmen und deren Führungsetagen auf.

Angesichts dieser plötzlichen und unerwarteten Plage klagen Unternehmen und Wirtschaftsverbände landauf, landab, dass ihnen junge Kräfte fehlen, weil die älteren in Rente gehen. Wie konnte das nur geschehen?

Das waren noch Zeiten, als Auszubildende händeringend Ausbildungsbetriebe gesucht (und nicht gefunden) haben. Jetzt rächt sich, dass viele Firmen nicht bereit waren, sich der mühsamen Arbeit der Ausbildung und Qualifizierung zu unterziehen. Im Vorteil sind die Betriebe und Behörden, die Freiberufler und Händler, die bereit waren, eine demographiefeste Personalpolitik zu betreiben und die vorsorglich und vorausschauend ausgebildet haben.

Gewiss gab es Gründe, nicht auszubilden. Ausbildung ist manchmal mühsam, gelegentlich teuer. Überdies haben vor allem kleinere Betriebe schon lange mit dem Problem zu kämpfen, dass sie gut ausgebildete junge Menschen nicht halten können, weil größere, reichere, kapitalkräftigere Unternehmen die Talente abwerben.

Wenn angemerkt wird, dass qualifizierte Nachwuchskräfte „ein knappes Gut“ seien, dann ist dies zutreffend und eigentlich auch logisch. Dass plötzlich qualifizierte Nachwuchskräfte fehlen, hängt u.a. mit der Altersentwicklung im demographischen Wandel zusammen.

Nach der Babyboomer-Generation steht jetzt die Generation Pillenknick vor der Berufswahl. Wo weniger Bewerber zur Verfügung stehen, verschärft sich der Wettbewerb der Unternehmen, Behörden, Freiberufler um die besten Kräfte.

Ein Musterbeispiel ist der Ingenieurbereich. Wenn pro Jahr 36.000 Ingenieure aus dem Berufsleben ausscheiden, dann ist es für die Wirtschaft zwingend notwendig, sie zu ersetzen, um wettbewerbsfähig, innovativ und konkurrenzfähig zu seine – und um auf weiterhin die bestehende Auftragslage erhalten zu können. Der Verein Deutscher Ingenieure VDI rechnet sogar damit, dass das Problem ab 2020 noch gravierender wird.

In einer IW-Studie zum Fachkräftemangel heißt es: „Der demografische Wandel stellt die Wirtschaftspolitik in Deutschland vor große Herausforderungen. Das angebotsseitige Wachstumspotenzial der Volkswirtschaft wird durch den Rückgang der Zahl an Erwerbspersonen und die Veränderung der Altersstruktur der Bevölkerung in den kommen den Jahrzehnten gedämpft.“ (Koppel/Plünnecke 2014: 5)

Zwar ist Deutschland in einer Zeit der europäischen finanz- und Wirtschaftskrisen Stabilitätsanker und Wirtschaftsmotor, doch das könnte sich ändern. Denn erfolgreiche Produktion hängt direkt mit der Qualifikation von Mitarbeiterinnen und Mitarbeitern zusammen.

„Wie die endogene Wachstumstheorie zeigt, resultieren technologischer Fortschritt und Wirtschaftswachstum erst aus dem Zusammenspiel von technologischen Produktionsmöglichkeiten und hochqualifizierten Mitarbeitern.“ (Koppel/Plünnecke 5).

Das verlangt von den Firmen, künftig aber sicher auch von Behörden neue Strategien zur Gewinnung qualifizierten Personals. Auch Behörden können sich nicht totsparen.

In einem Gutachten der Nord/LB Regionalwirtschaft und des Zentrum für Sozialforschung Halle e.V. (Brandt et al. 2010) für die Region Hannover heißt es zu Rekrutierungsalternativen treffend:

„Die demographische Entwicklung und deren Konsequenzen erfordern Rekrutierungsalternativen bzw. die Berücksichtigung (neuer) Zielgruppen, die unter den bisherigen Bedingungen noch nicht im Fokus der personalpolitischen Aufmerksamkeit der Firmen standen. Angesichts der branchen- und qualifikationsbezogenen Spezifika der Betriebe und den daraus resultierenden strukturellen, externen oder internen personalpolitischen Reaktionen auf einen absehbaren Fachkräftemangel liegt die Vermutung nahe, dass die demographische Entwicklung, wenn überhaupt, als Alterungsprozess der Belegschaft wahrgenommen wird. Die Möglichkeit dem Fachkräftemangel zu begegnen, indem nicht nur Jüngere verstärkt eingestellt werden, sondern z. B. auch Frauen, ausländische Fachkräfte oder Quereinsteiger, wird nur von Firmen mit einer externen Personalstrategie erwogen.“ (Nord/LB 2010: 58)

Der Gesundheits- und Sozialbereich hat bereits seit Jahren mit dem Phänomen des Facharbeitermangels zu kämpfen. Dort setzt man weniger auf Eigenausbildung – was überrascht –, als auf die Anwerbung von Fachkräften vom externen Arbeitsmarkt. (Nord/LB 2010: 37).

Man macht sich also noch abhängiger als bisher von einem Rekrutierungsbereich, der schon jetzt stark verknappt ist – wegen der Einkommenshöhe, der oft schwierigen Arbeit vor allem in Pflegeberufen, aber auch wegen der demographischen Entwicklung.

Neben der Anwerbung externer Fachkräfte steht auch die Weiterbildung älterer Mitarbeiterinnen und Mitarbeiter zunehmend im Fokus der Personalabteilungen. Es gibt noch eine spannende Entwicklung, die möglicherweise modellhaft für andere Branchen sein kann:

„Mit der überdurchschnittlichen Einstellung von Älteren, Frauen und Ausländern greifen Betriebe im Gesundheits- und Sozialwesen auf Arbeitnehmergruppen zu, die von den anderen Branchen bisher kaum berücksichtigt werden. Dieser Trend wird sich in der Zukunft noch verstärken.§ (Nord/LB 2010: 41)

Eine gewisse Kurzsichtigkeit der Planung ließ sich in der Nord/LB-Studie in den wissensintensiven Betrieben der Region Hannover feststellen. Dies mag spezifisch für eine prosperierende Großstadtregion sein. Es ist aber nicht auszuschließen, dass dies auch für andere Regionen gilt. Man glaubt, dass man auch in der Zukunft die Probleme im Griff hat, weil man das bisher auch schon gut gemanagt hat:

„Das in der Öffentlichkeit als „demographischer Wandel“ und in der betrieblichen Perspektive als „Fachkräftemangel“ breit diskutierte Thema wird auch in der Region Hannover von einer Mehrheit der Betriebe in den wissensintensiven Branchen als ein Problem gesehen, das auf die Betriebe zukommt. Jedoch, so muss angenommen werden, bleibt die Diskussion darüber auf einer für die betriebliche Entscheidungslogik zu abstrakten Ebene, als dass sich bereits daraus für die Betriebe konkrete Handlungen bzw. Reaktionsweisen ableiten ließen. Vielmehr ist ein unter den Betrieben weitverbreiteter Reflex zu beobachten: Die in den letzten drei Jahren gemachten Erfahrungen in der betrieblichen Personalpolitik werden von der Mehrheit der Betriebe was zukünftige Probleme bei der Rekrutierung betrifft fortgeschrieben." (Nord/LB 2010: 47)

Noch setzen sowohl die personalintensiven Branchen des Gesundheits- und Sozialwesens, aber auch des produzierenden Gewerbes vor allem auf externe Rekrutierung. Der Erfolg ist in Zukunft aber nicht mehr garantiert, wenn einerseits das Angebot an jungen Fachkräften knapper wird und andererseits die allgemeine Bewerberqualifikation sinkt. Schon jetzt sind über 40% der Betriebe bereits „die Ansprüche an die Berufserfahrung zu reduzieren". (Nord/LB 2010: 57)

Verblüffend ist, dass die Betriebe in ihren Strategien unflexibel bis festgefahren erscheinen. Unternehmer sind keineswegs weitsichtiger als Politiker. Innovativ ist das jedenfalls nicht, was die Nord/LB-Studie feststellt.

„Die „Beschäftigungsfähigkeit älterer Mitarbeiter" zu erhalten, wird bereits von über der Hälfte der Betriebe (59 %) verfolgt. Auch gegenwärtig schon darauf zu achten, „Jüngere einzustellen" wird von einer Mehrheit der Betriebe angegeben (56 %). Die Möglichkeiten „zunehmend Frauen" zu rekrutieren bzw. „bewusst ältere Bewerber einzustellen" wird dagegen lediglich von einem Drittel bzw. einem knappen Drittel der Firmen als bereits beschrittener Rekrutierungsweg angeführt. Den Aussagen, „sich stärker um ausländische Fachkräfte zu bemühen" oder dass „Quereinsteiger zunehmend interessant werden“, stimmt lediglich (knapp) jeder fünfte Betrieb zu. Junge Menschen mit fehlendem Bildungsabschluss haben bei fast allen Betrieben keine Chance. Über 90 % schließen diese Gruppe bei gegenwärtigen bzw. künftigen Rekrutierungsaktivitäten aus.“ (Nord/LB 2010: 60)

Vermutlich muss der Leidensdruck noch steigen, um die Unternehmen zu bewegen, sich neuen Lösungen zuzuwenden.

Wichtig ist deshalb, die Unternehmen für bestimmte fundamentale Erkenntnisse des demographischen Wandels zu sensibilisieren.

Die Altersstruktur ist auf Jahre kaum in Richtung Verjüngung veränderbar, die Sterberate ist höher als die Geburtenrate, die Fertilitätsrate der deutschen Gesellschaft lässt sich nicht kurzfristig verändern, weil dies mit demographischen Fakten und gesamtgesellschaftlichen Entwicklungen fundamental zusammenhängt.

Die „Initiative Fachkräfte“ beschreibt die Situation treffend:

„Der Demographische Wandel ist langfristig nicht umkehrbar. Die Zahl der erwerbsfähigen Menschen sinkt. Antizyklisch wirken könnten in einem gewissen Maß eine Steigerung der Frauenarbeitsquote (unter anderem ermöglicht durch eine bessere Versorgung mit Kinderbetreuungseinrichtungen), die Inklusion von behinderten Menschen in den Arbeitsprozess, die gesteuerte Zuwanderung von Fachkräften aus dem Ausland (Stichwort: Blue-Card) sowie eine

Verbesserung des Bildungsgrades von Schulabgängern mit einhergehender Senkung der Arbeitslosenzahl.

Die Zahl der Rentner wird sich durch den Demographischen Wandel sukzessive bis zum Jahr 2050 verdoppeln. Der künftige Bedarf an Mitarbeitern kollidiert mit dem Umstand, dass in den kommenden Jahren die geburtenschwachen Jahrgänge in das Berufsleben einsteigen. Das daraus resultierende Defizit an Erwerbstätigen wird die große Herausforderung für die deutsche Wirtschaft sein. Besonders der Mittelstand ist aufgerufen, das Feld nicht den bereits handelnden Konzernen zu überlassen. Es gibt zahlreiche Mittel und empfehlenswerte Maßnahmen, mit denen auch der Mittelstand dem Fachkräftemangel aktiv begegnen kann.“(http://www.inifa.de/demographische-wandel/)

Die Strategie kann nur lauten: Systematisch und mit neuen, kreativen Ansätzen die Herausforderungen des demographischen Wandels meistern. Es darf die gesungene Stellenanzeige sein, die Messe für junge Menschen, der Ausbau des betrieblichen Gesundheitswesens, die Qualifizierung und Weiterbildung, die Rekrutierung ausländischer Fachkräfte, die Gewinnung älterer Mitarbeiterinnen und Mitarbeiter, Recruiting im Internet, Social Media Aktivitäten bieten Chancen, auf Dauer qualifiziertes Personal zu gewinnen und zu halten. Selbstverständlich gehören dazu auch faire Bezahlung und Vermögensbildung in Arbeitnehmerhand – Themen, die derzeit noch kaum diskutiert werden. Dabei sind sie ein halbes Jahrhundert alt.

Nachwort zur 2. Auflage

Das Thema gewinnt an Drive. Früher als erwartet wird in besonders betroffenen Bundesländern wie dem Saarland über Gebiets- und Verwaltungsreformen diskutiert. Auch bundesweit gewinnt die Diskussion über Strukturen und Infrastruktur an Dynamik und Power.

Dabei ist vor allem die Debatte um die Gleichwertigkeit der Lebensverhältnisse in Deutschland von einiger Brisanz. Das IASS Potsdam und das Berlin Institut für Bevölkerung und Entwicklung haben mit ihrer Publikation „Vielfalt statt Gleichwertigkeit – Was Bevölkerungsrückgang für die Versorgung ländlicher Regionen bedeutet“ für heftige Gegenreaktionen gesorgt.

Dabei haben die Autoren Eva Kuhn, Reiner Klingholz und der „Spiritus Rector“ des IASS, Klaus Töpfer, nur offen ausgesprochen, was in der wissenschaftlichen Community schon seit längerer Zeit intern diskutiert wird. Zwar wächst das Bewusstsein für den demographischen Wandel in der Wirtschaft und der Verwaltung, doch die Verantwortlichen scheuen noch immer Konsequenzen. Man wartet lieber, bis die Gefahr vorbei ist. Die Gefahr geht aber nicht vorbei. Sie bleibt.

Und deshalb soll auch an dieser Stelle eindringlich an Führungspersönlichkeiten in Institutionen, Politik und Wirtschaft appelliert werden, nicht abzuwarten, nicht den Kopf in den Sand zu stecken, nichts zu beschönigen.

Die Bewältigung des demographischen Wandels ist eine Herausforderung, aber sie ist keine Hexerei. Das Motto heißt nicht „Anpassung oder Gestaltung“ (Heinze 2013), sondern „Gestaltung durch Anpassung“. Das kostet Geld, das die Bundesregierung derzeit noch nicht im nötigen Umfang bezahlen will. Demographie ist dem Grunde nach keine kommunale Aufgabe, auch wenn auf der lokalen Ebene die Folgen besonders deutlich werden, sondern eine gesamtgesellschaftliche Herausforderung. Noch immer gibt es keine schlüssige, ganzheitliche Demographie-Strategie des Bundes. Ansätze sind seit dem ersten Demographie-Gipfel in Berlin zwar erkennbar. Aber noch wirkt Vieles wie Stückwerk.

Das ist entbindet Länder und Kommunen allerdings nicht von einer aktiven Demographiepolitik, im Gegenteil. Die Politik wird ihre Schwerpunkte völlig verändern müssen, auch lokal und regional. Es gibt aber durchaus wirtschaftliche Potenziale des Alterns, wir sehen darüber hinaus Entwicklungen und Innovation wie Ambient Assistant Living (AAL), altersgerechte Assistenzsysteme für ein selbstbestimmtes Leben, die ökonomisch und soziale von Bedeutung sind. Das könnte künftig ein boomender Geschäftsbereich werden. Das Thema „Die gesellschaftliche Alterung als Innovationsmotor für die Wirtschaft und den Arbeitsmarkt" (Heinze / Naegele) hat schon 2011 bei der Jahrestagung der Deutschen Gesellschaft für Demografie eine wichtige Rolle gespielt.

Auch intelligentes Wohnen, integrierte Versorgungskonzepte und neue Mobilität sind wichtige Themen mit hohem Innovationspotenzial.

Es lohnt sich also, die zweite Phase des demographischen Wandels offensiv anzugehen.

Armin König

Literatur

Anger, Christina (2014): Demografischer Wandel und Fachkräftesicherung : ein Fortschrittsbericht. Köln : IW, Inst. der Dt. Wirtschaft Köln Medien GmbH.

Bellmann, Lutz (2014): Unternehmerische Herausforderungen zu Beginn des demografischen Einbruchs. Bielefeld. Bertelsmann.

Berlin Institut für Bevölkerung und Entwicklung / IASS Potsdam (Hg.) (2013): Vielfalt statt Gleichwertigkeit. Was Bevölkerungsrückgang für die Versorgung ländlicher Regionen bedeutet. Berlin.

Bogumil, Jörg / Gerber, Sascha / Schickentanz, Maren (2013): Handlungsmöglichkeiten kommunaler Demografiepolitik. In: Hüther, Michael / Naegele, Gerhard (Hg.): Demografiepolitik: Herausforderungen und Handlungsfelder. Wiesbaden: Springer VS. S. 259-280.

Boll, Christina et al. (2014): Demografie. Strategie 2030. HWWI&Berenberg. Hamburg.

Boll, Christina / Nitt-Drießelmann, Dörte / Wilke, Christina Benita (2014): Wir müssen den demografischen Wandel aktiv gestalten! HWWI Update Februar 2014. http://www.hwwi.org/uploads/tx_wilpubdb/HWWI-Update_Feb2014_web.pdf

Bundesministerium für Arbeit und Soziales (2013): Fortschrittsreport „Altersgerechte Arbeitswelt", Ausgabe 3: „Altersgerechte Arbeitsgestaltung", Bonn.

Di Fabio, Udo (2005): Die Kultur der Freiheit. München: Beck.

Dorn, Barbara / Müller, Susanne (2008): Durchlässigkeit und Flexibilität – Anforderungen an ein modernes Bildungssystem. In: Buhr, Regina et al. (Hg.): Durchlässigkeit gestalten! Wege zwischen beruflicher und hochschulischer Bildung. Berlin: Waxmann, S. 52-55.

Fuchs, Stefan (2014): Gesellschaft ohne Kinder. Woran die neue Familienpolitik scheitert. Wiesbaden: Springer.

Göke, Michael (2013): Wirtschaftliche Implikationen des demografischen Wandels : Herausforderungen und Lösungsansätze. Wiesbaden : Springer Gabler.

Greiner, Andreas / Flaig, Stefan (2012): Demografie zwingt Kommunen zum Handeln. Welche Folgen hat der demografische Wandel für die Siedlungsentwicklung? In: Nabu-Impuls Stadt Land Fläche 06/2012. URL: http://www.nabu.de/downloads/NABU-Impuls-StadtLandFlaeche/NABU-Impuls_SLF_062012.pdf

Heinze, Rolf G. / Naegele, Gerhard (2011): „Die gesellschaftliche Alterung als Innovationsmotor für die Wirtschaft und den Arbeitsmarkt". Jahrestagung 2011 der Deutschen Gesellschaft für Demografie. „Schrumpfend, alternd, bunter ? Antworten auf den demografischen Wandel". http://www.demographie-online.de/fileadmin/dgd/meeting2011/HeinzeNaegele_DGDTagung_Bonn_070311.pdf

Hondrich, Karl-Otto (2007): Weniger sind mehr. Warum der Geburtenrückgang ein Glücksfall für unsere Gesellschaft ist. Frankfurt a. M.: Campus.

Hüther, Michael / Naegele, Gerhard (Hg.) (2013): Demografiepolitik: Herausforderungen und Handlungsfelder. Wiesbaden : Springer VS.

Illingen 2030 Leitlinien (2006) = Gemeinde Illingen (Hrsg.) (2006): Illingen 2030 Projekt Zukunft – Ideen und Leitlinien der Illinger Gemeindeentwicklung. Kernplan im Auftrag der Gemeinde Illingen. Konzeption und Redaktion Armin König und Hugo Kern. Illingen.

Initiative Neue Qualität der Arbeit (INQA) (2014): Verwaltung der Zukunft. Praxisreport mit Beispielen für eine moderne Personalpolitik. Berlin. www.inqa.de

Jonda, Bernadette (2012): Zwischen Resignation und Kreativität – Bürgermeister in deutschen Kommunen im Umgang mit aktuellen Herausforderungen des demographischen Wandels. In: DGD (Hg.): Schrumpfend, alternd, bunter? Antworten auf den demographischen Wandel. Jahrestagung der Deutschen Gesellschaft für Demographie e.V. (DGD), vom 9. bis 11. März 2011 in Bonn.

Just, Tobias (2014): Demografischer Wandel und die Zukunft des Wohneigentums. In: Voigtländer, Michael: Wohneigentum : Herausforderungen und Perspektiven. Dordrecht. Springer. 215-236.

Kil, Wolfgang (2004): Luxus der Leere. Vom schwierigen Rückzug aus der Wachstumswelt. Eine Streitschrift. Wuppertal: Verlag Müller und Busmann.

Klie, Thomas (2013):

König, Armin (2014): Wem gehört die Stadt und wer regiert sie? Kommunen unter Handlungsdruck und wie sie ihn lösen können – Ein Lehrstück. In: Saarländische Kommunalzeitung SKZ 1/2014, S. 3-7

König, Armin (2011): Bürger und Demographie. Partizipative Entwicklungsplanung für Gemeinden im demographischen Wandel. Merzig: Gollenstein.

König, Armin (2010): Keine Angst vor Schrumpfung dank Offenheit, pfiffiger Ideen und Bürger-Partizipation: Illingen 2030. Zur Strategie kleiner und mittlerer Gemeinden im demographischen Wandel. In: BBSR (Hrsg.): Vielfalt des Demografischen Wandels. Eine Herausforderung für Stadt und Land. Dezembertagung des Arbeitskreises Städte und Regionen der Deutschen Gesellschaft für Demographie (DGD) in Kooperation mit dem Bundesamt für Bauwesen und Raumordnung (BBR) vom 30. November bis 1. Dezember 2009 in Berlin. (= BBSR-Online-Publikation Nr. 06/2010). Berlin. S. 120-126.

Köppen, Bernhard (2008): Kommunen und demografischer Wandel in Deutschland – regionale Muster. In: Heinelt, Hubert/Vetter, Angelika (Hrsg.): Lokale Politikforschung heute. Wiesbaden: VS. S. 271-281.

Kottmann, Nora et al. (Hg.) (2014): Familie – Jugend- Generation. Wiesbaden: Springer.

Landkreistag Rheinland-Pfalz (Hg.) (2014): Jenseits des Alarmismus, aber vor der Existenzfrage "Was der demografische Wandel für die Landkreise bedeutet und was man (nicht) machen sollte / könnte / müsste : am 14. und 15. November 2013 in Birkenfeld. Mainz. (=Schriftenreihe des Landkreistages Rheinland-Pfalz zur Kommunalpolitik;49)

Leggewie, Claus / Welzer, Harald (2009): Das Ende der Welt, wie wir sie kannten: Klima, Zukunft und die Chancen der Demokratie. Frankfurt/M. S. Fischer.

Loske, Reinhard (2013): The good society without growth : why green growth is not enough. Rangsdorf: Basilisken Presse.

Loske, Reinhard (2011): Abschied vom Wachstumszwang. Rangsdorf: Basilisken-Presse.

Mintzberg, Henry/Ahlstrand, Bruce/Lampel, Joseph (1999): Strategy Safary. Eine Reise durch die Wildnis des strategischen Managements. Wien/Frankfurt: Ueberreuter.

Niejahr, Elisabeth (2004): Alt sind nur die anderen. Frankfurt a.M.: S. Fischer.

Nord/LB/ Zentrum für Sozialforschung Halle e.V. (2010): Fachkräftemangel und demographischer Wandel bis 2020. Gutachten im Auftrag der Region Hannover. Teil 2: Handlungsansätze für kleine und mittlere Unternehmen in der wissensintensiven Wirtschaft in der Region Hannover. www.unternehmerbuero-hannover.de

Paqué, Karl-Heinz (2010): Wachstum. Die Zukunft des globalen Kapitalismus. München: Hanser.

Plünnecke, Axel (2006): Finanzierungskonzept 2020: Effizienzreserven und Demographierendite im deutschen Bildungssystem. In: Institut der deutschen Wirtschaft Köln (Hrsg.): Bildungsfinanzierung und Bildungsregulierung in Deutschland. Eine bildungsökonomische Reformagenda. Köln: Dt. Instituts-Verlag. S. 267-288.

Rademacher, Christian (2013): Deutsche Kommunen im demographischen Wandel. Eine Evaluation lokaler bevölkerungspolitischer Maßnahmen. Wiesbaden: Springer.

Randers, Jorgen (2013^{2}): 2052. Der neue Bericht an den Club of Rome. Eine globale Prognose für die nächsten 40 Jahre. Oekom Verlag München. Gesellschaft für ökologische Kommunikation.

Seidl, Irmi / Zahrnt, Angelika (Hg.) (2010): Postwachstumsgesellschaft. Konzepte für die Zukunft. Marburg: Metropolis.

Straubhaar, Thomas (2014): Das Diktat der Alten. HWWI Standpunkt März 2014.

Straubhaar, Thomas (2005): Entwicklungstrends und deren Folgen für Wirtschaft und Soziales. Auftaktveranstaltung Demographischer Wandel in Deutschland. 6.12.2005. URL: http://www.hwwi.org/fileadmin/hwwi/Publikationen/Dossier/Demografie/2005-12-6_Thomas_Straubhaar.pdf

Töpfer, Klaus / Klingholz, Reiner (2013): Wie plant man das Gegenteil von Wachstum? In: Berlin Institut für Bevölkerung und Entwicklung / IASS Potsdam (Hg.): Vielfalt statt Gleichwertigkeit. S. 4-5.

Uhrhan, Sven (2007): Neue Strategien und raumplanerische Instrumente zum offensiven Umgang mit Wohngebäudeleerstand – Evaluierung und Konzeption am Beispiel des Saarlandes (Schriftenreihe für Diplomarbeiten – hrsg. von Willy Spannowsky, TU Kaiserslautern). Selbstverlag Technische Universität Kaiserslautern.

Wiechmann, Elke / Kißler, Leo (2010): Kommunale Demografiepolitik. Antworten auf den soziodemografischen Wandel in den Rathäusern. Berlin: Edition Sigma.

Winkel, Rainer / Spiekermann, Klaus (2014): Demographischer Wandel und Daseinsvorsorge. Herausgegeben vom Bundesinstitut für Bau, Stadt- und Raumforschung. Bonn: BBSR.

Inhaltsverzeichnis

Armin König ist Bürgermeister der Gemeinde Illingen. Der promovierte Verwaltungswissenschaftler unterrichtet an der Fachhochschule für Verwaltung, hält regelmäßig Vorträge zum Demografischen Wandel und war Mitglied der Arbeitsgruppen Demografischer Wandel und Bürgergemeinde der KGSt.